BERLIN - NORD

MÜGGEL-SPREE PARK - MÄRKISCHE SCHWEIZ - BARNIM - HAVELLAND - STECHLIN-RUPPINER LAND - SCHORFHEIDE-CHORIN - UCKERMÄRKISCHE SEEN

Bernhard Pollmann

KOMPASS Wanderführer

Bernhard Pollmann

Jahrgang 1954, lebte in Berlin, wohnt heute in Emden/Ostfriesland. Als Autor und Fotograf von mehr als 20 Führern über Gebiete in Deutschland, Norwegen, England, Frankreich, Tschechien und Polen zählt er zu den besten Kennern der Landschaften zwischen Alpen und Nordmeer.
Weitere KOMPASS-Wanderführer des Autors: Rügen, Sächsische Schweiz-Elbsandsteingebirge, Ruhrgebiet-Ost, Ruhrgebiet-West und Berlin-Süd; außerdem der KOMPASS-Radführer Mecklenburg-Vorpommern.

1. Auflage: 2005 · ISBN 3-85491-471-7 Verlagsnummer 937

Text und Fotografie: Bernhard Pollmann

Lektorat: Karin Straßer

Bildnachweis (Seitenzahlen): Tassilo Wengel 1, 3, 12, 15, 16, 21, 23, 27, 31, 33, 39, 43, 45, 47, 49, 51, 57, 71, 75, 77, 79, 81, 83, 85, 113, 117, 119, 123, 125. Alle übrigen Aufnahmen vom Autor.

Titelbild: Grimnitzsee (Tassilo Wengel).

Bild Innentitel Seite 1: Wandlitz.

Bild Seite 3: Buckow.

Grafische Herstellung: wt-BuchTeam
Wanderkartenausschnitte: © KOMPASS-Karten GmbH
Höhenprofile: wt-BuchTeam

Da die Angaben eines Wanderführers in der heute so schnelllebigen Zeit fast ständig Veränderungen unterworfen sind, kann für die Richtigkeit keine Gewähr übernommen werden. Auch lehrt die Erfahrung, dass Irrtümer nie ganz zu vermeiden sind. Für Berichtigungen und Verbesserungsvorschläge ist die Redaktion stets dankbar. Korrekturhinweise bitte an folgende Anschrift:

Walter Theil, Irmengardstraße 9, 84518 Garching/Alz (Deutschland)

Telefon 0049-(0)8634/68 98 03 · Fax 0049-(0)8634/68 98 04

E-mail: info@wt-buchteam.de

www.wt-buchteam.de

oder an

KOMPASS-Karten GmbH, Kaplanstraße 2, 6063 Rum/Innsbruck (Österreich)

Telefon 0043-(0)512/26 55 61-0 · Fax 0043-(0)512/26 55 61-8

E-mail: kompass@kompass.at

http://www.kompass.at

Vorwort

50 Wandervorschläge leiten durch die abwechslungsreichen Natur- und Kulturlandschaften des Berliner Raums nördlich der Spree. Vom Müggel-Spree-Park und der Märkischen Schweiz vor den Toren der Bundeshauptstadt spannt sich der Bogen bis zum UNESCO-Biosphärenreservat Schorfheide-Chorin, vom Hochland des Barnim und den Schlössern des Naturparks Stechlin-Ruppiner Land bis zu den Uckermärkischen Seen. Stille Wiesentäler, Hunderte von Seen, aussichtsreiche Höhenzüge und uralte Wälder, Klosterruinen, schmucke Dörfer und Ortsbilder vom Feinsten prägen diese immer wieder paradiesisch entrückt wirkende und in diesem Sinne traumhaft schöne Wanderlandschaft. Dass gleich zwei Europäische Fernwanderwege das Gebiet durchqueren, unterstreicht den herausragenden Stellenwert der Bundeshauptstadt und ihrer Umgebung für Wanderer: Der Europäische Fernwanderweg 10 verzweigt sich sogar in zwei Stränge, um die Natur- und Kulturperlen im Norden der Mark für Wanderer zu erschließen, der E 11 führt durch das Brandenburger Tor in die Märkische Schweiz und ins Odertal, als dritter großer Weitwanderweg erschließt der 66-Seen-Weg die Highlights rund um die größte deutsche Stadt.
Dank des dichten Nahverkehrsnetzes mit S-, U- und DB-Bahnstrecken können Wanderer auf den eigenen Pkw weitgehend verzichten. Die wandertouristische Infrastruktur einschließlich Wegemarkierung, Ausschilderung und verkehrsferner Routenführung wurde in den letzten Jahren optimiert, so dass Wanderer ein Wegenetz vorfinden, auf dem Verirren kaum möglich ist. Schluchten und steile Berge gibt es in diesem Gebiet durchaus, insgesamt garantiert das flachwellige, von der Eiszeit modellierte Relief jedoch Genusswanderungen ohne strapaziöse Anstiege.

Bernhard Pollmann

INHALT

Ausblick vom Krugberg, der höchsten Erhebung der Märkischen Schweiz.

Das Gebiet

Westhavelland

Der 1998 eröffnete Naturpark Westhavelland, der größte Naturpark Brandenburgs, umfasst eine der gewässerreichsten Binnenregionen Mitteleuropas. Auf einer Fläche von 1.315 km^2 erstreckt sich das dünn besiedelte Gebiet mit seinen Feuchtgebieten, Mooren, Wäldern und Hunderten von Seen vom Beetzsee in Brandenburg an der Havel im Süden bis zur Dosse im Norden – ein Paradies für Fuß-, Wasser- und Radwanderer ebenso wie für Hunderttausende von Wat-, Wasser- und Zugvögeln, die hier ein Rückzugs-, Brut- und Rastgebiet von internationaler Bedeutung gefunden haben. Zu den bedeutendsten Mooren zählen das Havelländische Luch, das Rhinluch und das Dossbruch. Aus den feuchten Niederungen des während der letzten Eiszeit gestalteten Gebiets erheben sich als flachwellige Inseln die »Ländchen«: Diese Endmoränen und Grundmoränenplatten eigneten sich für die Anlage von Siedlungen und tragen zum Teil uralte Dörfer. Zentraler Ort im Naturpark ist Rathenow, die Kreisstadt des Landkreises Havelland.

i Naturparkverwaltung Westhavelland, Dorfstraße 5, 14715 Havelaue-Parey, Tel. 033872-7430, Fax 033872-74312, www.mlur.brandenburg.de/n/np_whvl.htm

Regionalpark Krämer Forst

Der Regionalpark Krämer Forst ist benannt nach dem Waldgebiet auf dem Plateau des Ländchens Glien nordwestlich von Spandau. Er ist umgeben von einem Kranz 14 mittelalterlicher Straßen- und Angerdörfer, dem sog. Dörferkranz. Anders als Naturparks sind die brandenburgischen Regionalparks keine Schutzgebiete, sondern Interessengemeinschaften der Gemeinden zur Sicherung und Entwicklung der jeweiligen Region als Erholungsraum. Mitglieder im Regionalparkverein Krämer Forst sind u.a. die Gemeinden Brieselang, Leegebruch, Oberkrämer, und Schönwalde-Glien sowie die Ortsteile Flatow, Groß-Ziethen und Staffelde der Stadt Kremmen.

i Förderverein Regionalpark Krämer Forst, c/o Gemeinde Schönwalde-Glien, Sebastian-Bach-Str. 10–12, 14621 Schönwalde, www.kraemer-forst.de

Müggel-Spree-Park

Der 1998 gegründete Regionalpark Müggel-Spree erstreckt sich auf einer Fläche von 600 km² beidseits der Spree zwischen Berlin-Köpenick und der Domstadt Fürstenwalde. Er ist der größte und wasserreichste der sieben Regionalparks, die Berlin mit dem Brandenburger Umland verknüpfen. Zentrales Landschaftselement ist die in Ost-West-Richtung verlaufende Spreetalniederung; der Fluss und der Müggelsee als bekannteste Landschaftselemente gaben dem Regionalpark seinen Namen. Die großflächigen Schutzgebietsausweisungen – ca. 50% der Fläche sind als Schutzgebiete ausgewiesen beziehungsweise befinden sich im Verfahren der Unterschutzstellung – sind Ausdruck des landschaftlichen Reichtums dieses Regionalparks, der zum größten Teil nur gering besiedeltes Gebiet umfasst. Große Teile des Regionalparks liegen im Berlin-Baruther Urstromtal, das im Norden durch die Hochebenen des Barnims und der Lebuser Platte und im Süden durch die Teltowplatte und die Rauener Berge begrenzt wird. In die Platten eingeschnittene eiszeitliche Schmelzwasserrinnen im Regionalpark sind das Löcknitztal, der Trebuser See mit den Pfälzer Wiesen, die Grünheider-Kageler Seenkette mit dem Roten Luch sowie die Seenkette mit Stienitzsee, Kalksee und Flakensee.
Hauptwander- und Radwanderweg des Regionalparks ist der Müggel-Spree-Weg, ein 142 km langer Rundwanderweg.

i Förderverein Regionalpark Müggel-Spree/Kommunale Arbeitsgemeinschaft,
Amtsgemeinde Grünheide, Marktplatz 1, 15537 Grünheide,
web4.157055.vserver.de/html/park/rp10.shtml

Märkische Schweiz

Auf kleinstem Raum vereinigt der Naturpark Märkische Schweiz fast alle Landschaftsformen der Mark Brandenburg: Seen, Quellen, Bachtäler und Moore, Laubwälder, Gipfel und schluchtartig eingeschnittene Täler (»Kehlen«), Felder, Wiesen und Hecken, bei Münchehofe gibt es eine Sanddüne, und der Kietzer See bei Altfriedland ist Europäisches Vogelschutzgebiet. Diese Wald- und Seenlandschaft, die im aussichtsreichen 130 m hohen Krugberg gipfelt, entstand während der letzten Brandenburger Eiszeit, die vor rund 12.000 Jahren zu Ende ging. Die Kraft des Eises ist auch an riesigen Findlingen sichtbar wie dem Bollersdorfer Stein mit 18 m Umfang. Als im 19. Jh. immer mehr Besucher aufs Land strömten und die steilen Hanglagen direkt an den Seen bewunderten, erhielt dieses abwechslungsreiche Gebiet 60 km nordöstlich von Berlin den Namen »Märkische Schweiz«. 1990 wurde der 205 km^2 große Naturpark errichtet, dessen Wappentier die Gemeine Keiljungfer ist; diese Libelle hat im Stobbertal – dem längsten und schönsten Tal des Naturparks – ihren Lebensraum. Herzstück der Märkischen Schweiz ist der

Region Finowkanal

Der 400 Jahre alte Finowkanal zwischen dem Naturpark Barnim und dem Biosphärenreservat Schorfheide-Chorin ist die Lebensader einer bedeutenden Wasserwander-, Radwander-, Fußwander- und Freizeitregion: Die »Region Finowkanal« erstreckt sich im Eberswalder Urstromtal zwischen den Städten Liebenwalde im Westen und Oderberg an der Mündung des Oder-Havel-Kanals in die Alte Oder. Der 1605–20 zwischen Havel und Oder gegrabene Kanal war die erste künstliche Verbindung zwischen zwei großen Flusssystemen in Deutschland; seinen Namen trägt er nach dem auf der Barnimhochfläche entspringenden Flüsschen Finow, dessen Bett er teilweise folgt bzw. benutzt. Während des Dreißigjährigen Kriegs (1618–48) verfiel der Kanal, 1744–46 wurde er ausgebaut und avancierte als bedeutendste Binnenwasserstraße des Königreichs zum Rückgrat der brandenburgisch-preußischen Industrie. Nach der Eröffnung des über weite Strecken parallel geführten Hohenzollernkanals (heute: Oder-Havel-Kanal) verlor er ab 1914 an Bedeutung; das endgültige Aus als Schifffahrtsstraße kam in den 1970er Jahren. Seither haben sich an seinen Ufern ausgedehnte Sumpfgebiete, Wälder und Erlenbrüche entwickelt, Weißstorch, Rohrweihe, Graureiher, Bläß- und Teichhuhn, Eisvogel, Kranich und Schwarzstorch, Biber und Fischotter können von den Treidelwegen aus beobachtet werden, Technikinteressierte können die imposanten zwölf historischen Schleusen bestaunen. Die 1996 gegründete Kommunale Arbeitsgemeinschaft Region Finowkanal (KAG) sorgt für die touristische Erschließung. Ausgebaute Wasserwanderrastplätze befinden sich im Niederfinower Ortsteil Stecherschleuse, Ragöser Schleuse, Eberswalder Stadtschleuse und Messingwerkhafen, weitere sind geplant. Marinas gibt es in Oderberg und Marienwerder an der Oder-Havel-Wasserstraße. Aus der Wander- und Radwanderperspektive sind vor allem die Treidelpfade interessant. Seit 1998 werden diese kanalbegleitenden Wege, auf denen früher die Lastkähne von Pferden und Menschen mit Muskelkraft geschleppt (»getreidelt«) wurden, zunächst auf einer Seite des Kanals asphaltiert und bilden optimale Routen für Skater und Radwanderer. Über weite Passagen sind sie auf der jeweils gegenüberliegenden Kanalseite noch Pfade, so derzeit zwischen Finow und Finowfurt: Der nördliche, von einer alten Baumreihe flankierte Treidelweg ist asphaltiert (autofrei), der südliche ist ein Pfad in fast wild wuchernder Natur.

Der Finowkanal beginnt heute an der Wasserstraßenkreuzung beim Heidekrautbahnhof Ruhlsdorf-Zerpenschleuse (»Kultourbahnhof«); hier mündet, von Liebenwalde kommend, der Kanal »Langer Trödel« in den Oder-Havel-Kanal, den südlich der Finowkanal verlässt. Außer dem »Kultourbahnhof« (Erlebnistage, Gastronomie, geführte Ausflüge) setzen weitere private Touristikdienstleister innovative Akzente am Finowkanal (Schlittenhundetouren, Fjordpferdehof »Insel«, Naturcamp »Triangel-Tour« usw.).

Buckower Kessel, eine große Senke mit fünf Seen und zahlreichen Schluchten. Der Stadtname »Buckow« leitet sich vom slawischen Wort »buk« für die Rotbuche ab. Zu den Brutvogelarten im Naturpark gehören Schwarz- und Weißstorch, Rot- und Schwarzmilan, Wespenbussard, Seeadler und Kranich. Im Teichgebiet von Altfriedland und Karlsdorf rasten im Herbst bis zu 40.000 Saat- und Blessgänse aus Nordeuropa.

i Naturparkverwaltung und Besucherinformationszentrum Schweizer Haus, Lindenstraße 33, 15377 Buckow, www.maerkische-schweiz.com/naturpark

Barnim

Die wald- und seenreiche Hochfläche des Barnim ist Namensgeber des 1999 eröffneten gleichnamigen Naturparks. Als länderübergreifendes Großschutzgebiet der Bundesländer Berlin und Brandenburg umfasst er eine Fläche von 750 km² im Städtedreieck Berlin, Oranienburg, Eberswalde und Bad Freienwalde; in Berlin erstreckt er sich bis in die Bezirke Pankow und Reinickendorf. Mit ca. 40 m hohen Steilstufen, die im Naturschutzgebiet Nonnenfließ-Schwärzetal bei Eberswalde Mittelgebirgscharakter aufweisen, überragt die Barnimhochfläche das Berliner Urstromtal im Süden, die Havelniederung im Westen, das Eberswalder Urstromtal im Norden und das Odertal im Osten. Diesen naturräumlich klar umrissenen Landblock zerfurchen verkehrsfeindliche eiszeitliche Schmelzwasserrinnen, die von Fließen und zahllosen Seen sowie von artenreicher Flora und Fauna geprägt sind: Nonnenfließ, Schwärzetal (kein Wanderweg), Gamengrund, Briesetal zählen zu den

Region Heidekrautbahn

Die in den Verkehrsverbund Berlin-Brandenburg (VBB) integrierte Heidekrautbahn fährt vom Norden Berlins über die Barnimhochfläche bis in die Schorfheide und mit einem Nebenstrang nach Liebenwalde im Oberhavelgebiet. Nach ihrer Eröffnung 1901 unter dem offiziellen Namen »Niederbarnimer Eisenbahn« war sie einer der wichtigsten Impulsgeber für die Entwicklung des Tourismus in diesen Gebieten, das Aufblühen von Ferienorten wie Wandlitz ist untrennbar mit dieser Bahn verbunden, die eine Lebensader und ein Symbol geblieben ist, weshalb 1999 die kommunale »Region Heidekrautbahn« gegründet wurde. Der heutige Ausgangsbahnhof ist der S-Bahnhof Berlin-Karow; hier halten die DB-Regio-Züge der Heidekrautbahn am selben Bahnsteig wie die nach Bernau weiterfahrenden S-Bahnen der Linie S 2. Von Karow fährt der Hauptstrang der Heidekrautbahn über Basdorf, Wandlitz, Wandlitzsee (das dortige Bahnhofsgebäude ist ein bedeutendes Zeugnis der Bauhausarchitektur), Klosterfelde, Lottschesee, Ruhlsdorf-Zerpenschleuse (»Kultourbahnhof« am Ausgangs des Finowkanals) und Klandorf nach Groß Schönebeck (Gemeinde Schorfheide). In Basdorf, dem Betriebsmittelpunkt der Heidekrautbahn, zweigt die Nebenstrecke nach Liebenwalde ab; sie wird derzeit nur bis Wensickendorf bedient. Im Bereich Ruhlsdorf-Zerpenschleuse und Schorfheide überlappen sich die »Region Heidekrautbahn« und die »Region Finowkanal«.

Info: www.region-heidekrautbahn.de

schönsten dieser oft schluchtartig eingetieften Rinnen. Anders als auf der Hochfläche, auf der neben Acker- und Grünfluren die standortwidrige preußische Kiefer dominiert, konnten sich in den Rinnen und an mehreren Seen naturnahe Wälder entwickeln, so die Erlenbruchwälder im Briese- und im Finowtal, Eichenmischwälder im Kreuzbruch oder Buchenwälder am Liepnitzsee und in der Barnimer Heide. Wichtigste touristische Zentren innerhalb des Naturparks sind Bernau, Biesenthal, Ruhlsdorf, Birkenwerder, Hohen Neuendorf und Wandlitz.

i Naturparkverwaltung und Naturwacht Barnim,
Kirchstraße 11, 16348 Wandlitz,
www.naturpark-barnim.de

Schorfheide-Chorin

Das UNESCO-Biosphärenreservat Schorfheide-Chorin ist ein von der Eiszeit modelliertes Moränenland mit Wäldern, Feldfluren, Seen und Mooren zwischen Eberswalde, Templin, Prenzlau und Angermünde. Mit 1291 km^2 ist das dünn besiedelte Gebiet – pro Quadratkilometer leben hier nur 30 Menschen – eines der größten Schutzgebiete in Deutschland. Namengebend sind die Schorfheide, eines der größten geschlossenen Waldgebiete Norddeutschlands, und das ehemalige Zisterzienserkloster Chorin, ein Höhepunkt gotischer Klosterbaukunst in Brandenburg. Von der früheren Nutzung der Schorfheide als Hudewald zeugen noch mehr als 2000 Eichen mit einem Alter von 400 bis 600 Jahren. Die über 230 Seen im Biosphärenreservat bedecken eine Gesamtfläche von 9.040 ha, im Zentrum des Reservats liegt bei Joachimsthal der Werbellinsee, der Parsteiner See am Südostrand des Reservats ist mit 1100 ha der größte See Brandenburgs. 2003 schlossen sich die im Südwesten des Gebiets gelegenen Gemeinden Finowfurt und Groß Schönebeck zur Gemeinde Schorfheide zusammen.

Das 2002 ausgewiesene **Naturschutzgebiet Stechlin** ist das von der Naturnähe her bedeutendste und schönste Wandergebiet nördlich von Berlin. Es umfasst eine Fläche von 8.670 ha und bildet mit seinen Buchen- und Eichenwäldern und mehr als 30 Seen das Kern- und Glanzstück des im Jahr 2001 eröffneten Naturparks Stechlin-Ruppiner Land. Wertvolle Klarwasserseen wie der Wittwesee bei Rheinsberg, der Roofensee bei Menz und der Peetschsee bei Steinförde sowie die Niederungsgebiete von Kleinem Rhin und Döllnitz wurden in das Naturschutzgebiet, das weit über den namengebenden Stechlinsee hinausreicht, einbezogen. Um natürliche Entwicklungsprozesse zu ermöglichen, sind auf 661 ha elf Totalreservate meist entlang urwaldartiger Uferbereiche von Seen sowie in Mooren eingerichtet worden. Die Fischerei, die seit Menschengedenken zur Region gehört, ist mit geringen Einschränkungen weiterhin gestattet. Eine Spezialität aus den Klarwasserseen ist die Kleine Maräne, die von allen Fischern frisch oder geräuchert angeboten wird. Auch das Baden in den kristallklaren Seen ist an ausgewiesenen Badestellen weiterhin möglich. Um die Seen mit einer begrenzten Anzahl von Ruderbooten befahren zu können, wurde eine maximal zulässige Bootsanzahl für jeden See festgelegt.

Der Erholungsort **Himmelpfort** im Westen des Naturparks Uckermärkische Seen zählt mit den malerischen Ruinen des mittelalterlichen Zisterzienserklosters, dem Kloster-Kräutergarten, der Lychener Schleuse und der umgebenden Seenlandschaft zu den attraktivsten Ausflugszielen im Norden Brandenburgs. Als Mönche im Jahr 1299 auf der Suche nach einem geeigneten Ort für eine Klostergründung auf diesen inselartig von vier Seen umgebenen Platz an der Mündung der Woblitz in die Havel gelangten, nannten sie ihn – wie die Legende berichtet – »coeli porta«: Pforte des Himmels. Die vier heute als Wassersportparadiese und Ausflugsdampferrouten genutzten Seen sind der Stolpsee, einer der größten Havelseen, der Sidow- und der Moderfitzsee sowie der Haussee, durch den die Woblitz an der Lychener Schleuse in den Stolpsee und damit in die Havel mündet. Das pittoreske Dorf liegt am Europäischen Fernwanderweg 10, am Radfernweg Berlin – Kopenhagen und an einer in Deutschland einzigartigen Museumseisenbahn, der Fahrrad-Draisinen-Strecke von Fürstenberg/Havel nach Templin. Markgraf Albrecht III. von Brandenburg stiftete 1299 Kloster Himmelpfort als Haus- und Grablegekloster anlässlich einer familieninternen Landesteilung des ottonischen Zweigs der Askanier. Das mit Zisterziensern aus dem Kloster Lehnin in der Zauche besetzte Kloster wurde mit zahlreichen Dörfern ausgestattet, spielte jedoch wegen seiner ungünstigen Lage im Land Lychen im brandenburgisch-mecklenburgischen Grenzgebiet sowie des frühen Aussterbens der brandenburgischen Askanier (1319) nie eine bedeutende Rolle. 1541 wurde es säkularisiert.

i Informationszentrum Schorfheide-Chorin, Blumberger Mühle 2, 16278 Angermünde, www.schorfheide-chorin.de

Uckermärkische Seen

Der Naturpark Uckermärkische Seen mit seinen ausgedehnten Waldgebieten und mehr als 200 Seen liegt im Norden Brandenburgs zwischen Fürstenberg, Prenzlau, Templin und Zehdenick in den Landkreisen Uckermark (Flächenanteil: 640 km^2) und Oberhavel (255 km^2), im Zentrum liegt der Erholungsort Lychen, die Stadt an den sieben Seen. Die Hälfte des Naturparks nehmen Wälder ein. Die naturnahen Buchenwälder mit Traubeneiche, Winterlinde und Bergahorn im Norden stehen im Frühjahr in einem Blütenteppich voller Anemonen, Leberblümchen und stellenweise Lerchensporn. Naturräumlich bildet der Naturpark Uckermärkische Seen mit dem mecklenburgischen Naturpark Feldberger Seenlandschaft eine Einheit. Wappentier des Naturparks Uckermärkische Seen ist der Fischadler, der hier die höchste Brutdichte in Europa erreicht.

i Naturpark Uckermärkische Seen Zehdenicker Str. 1, 17279 Lychen, www.brandenburg.de/land/mlur/n/b_auf44b.htm

Stechlin-Ruppiner Land

Der Naturpark Stechlin-Ruppiner Land liegt im Norden Brandenburgs etwa 60 km vor den Toren Berlins. Zu zwei Dritteln besteht er aus Wäldern, in denen Hunderte von Seen glitzern, darunter als größter der sagenumwobene Stechlinsee. Neben den für Brandenburg typischen Kiefernforsten fallen in den Waldgebieten große zusam-

Schloss in Bad Freienwalde.

menhängende Buchenwälder auf, die viel Tot- und Altholz beherbergen: 20–30% der Naturparkfläche werden von diesen naturnahen Buchenwaldwäldern bedeckt, die neben den Seen den landschaftlichen Reiz des 800 km² großen Gebiets zwischen Fürstenberg, Gransee, Neuruppin und Wittstock ausmachen. Die Hauptlandschaftseinheiten des Naturparks sind das Stechliner Seengebiet, das Rheinsberger Becken, die Havel-Rhin-Gewässer, die Baumgarten Meseberger Heide, die Ruppiner Schweiz und das Zempow-Sewekower Wald- und Seengebiet. Im Zentrum liegt Rheinsberg mit seinem Schloss. Wappentier des Naturparks ist die Schellente.

i Naturparkverwaltung Stechlin-Ruppiner Land, Schillerstr.6, 16831 Rheinsberg, www.mlur.brandenburg.de/n/stechlin.htm

Ruppiner Schweiz

Die Ruppiner Schweiz im Naturpark Stechlin-Ruppiner Land ist das abwechslungsreiche Moränen- und Seengebiet nördlich der Fontane-Stadt Neuruppin. Sie erstreckt sich zwischen Alt Ruppin und Binenwalde und umfasst die Seenkette von Molchow-, Tetzen-, Zermützel-, Tornow- und Kalksee. Das Ensemble aus Seen, Steilhängen, vergleichsweise hoch aufragenden Bergen und uralten Waldmeister-Buchenbeständen hat sein wildromantisches Gepräge zum Teil bis heute bewahrt. »Ausgestreckt am Hügelabhang, den Wald zu Häupten, den See zu Füßen, träumst du hier, bis die wachsende Stille dich erschreckt«, meinte Theodor Fontane in seinen »Wanderungen durch die Mark Brandenburg«. Die nur dünn besiedelte, von eiszeitlichen Gletschern modellierte Landschaft erhielt im 19. Jh. den Namen »Schweiz«, als sie vom Tourismus entdeckt wurde, der »schönen Sabine«, einer Förstersfrau, nach der das Dorf Binenwalde benannt ist und mit der Kronprinz Friedrich d. Gr. romantische Abenteuer erlebt haben soll, wurde damals sogar ein Denkmal gesetzt (1843, 1945 zerstört, Wiederaufbau seit 1999). Der Weilickenberg (85 m) erhebt sein stolzes Haupt 45 m über dem Wasserspiegel des Tornowsees, auf dem »Gipfelplateau« weiden die Kutschpferde der Boltenmühle, des bekanntesten Ausflugsrestaurants der Ruppiner Schweiz. Archäologen entdeckten auf dem Plateau Spuren einer bronzezeitlichen Siedlung, die Funde werden im Potsdamer Museum für Ur- und Frühgeschichte aufbewahrt, darunter ein Armring, eine Lanzenspitze und eine Fibel. Da die Ruppiner Schweiz nur 8 km in ihrer längsten Ausdehnung misst, lässt sie sich bequem an einem Tag erwandern, von Ruppin aus fahren Linienschiffe – sie transportieren auch Fahrräder – bis zur Boltenmühle.

Hauptausgangsorte

Angermünde

Die Stadt Angermünde mit ihrer historischen Altstadt ist das südöstliche Tor zur Uckermark, in der Blumberger Mühle befindet sich das Informationszentrum des Biosphärenreservats Schorfheide-Chorin. Der mittelalterliche Stadtgrundriss der ehemaligen Kloster- und Ackerbürgerstadt, die Silhouette mit dem stadtbildprägenden, 53 m hohen Feldsteinturm der gotischen Marienkirche, die Bebauungsstruktur und das Nutzungsmuster der Grundstücke sind fast unverändert erhalten. Frei auf dem Marktplatz steht das barocke Rathaus mit klassizistischer Fassade. Künstlerisch herausragendes Bauwerk ist die Kirche des ehemaligen Franziskanerklosters; sie ist eine der bedeutendsten märkischen Bettelordenskirchen; heute wird sie als städtisches Kulturzentrum genutzt. Die gotische Heilig-Geist-Kapelle gehörte zum Heilig-Geist-Spital, einer sozialen Einrichtung, die nach 300-jährigem Wirken für Kranke und Arme im Dreißigjährigen Krieg zerstört wurde.

i Touristbüro Angermünde, Brüderstr. 20, 16278 Angermünde, www.angermuende.de

Bad Freienwalde

Das Moorheilbad und Wintersportzentrum Bad Freienwalde am Nordostrand der Barnimhochfläche und im Oderbruch (Grenzübergang Hohenwutzen mit polnischem »Basar«) ist der älteste Kur- und Badeort der Mark Brandenburg. Die seit dem Mittelalter bekannten Heilquellen und die waldreiche Umgebung bildeten den natürlichen Reichtum der Stadt, die ab dem ausgehenden 18. Jh. mit dem Ausbau des »Gesundbrunnens« zu einem mondänen Wirtschafts- und Kulturzentrum mit zahlreichen Villen im verspielt-luxuriösen Stil der Bäderarchitektur avancierte. Nach

Plänen von Gotthard Langhans entstand 1790 das Logier- und Badehaus für Kurgäste (seit 2002 Kurmittelhaus). David Gilly errichtete 1798/99 auf der parkartig gestalteten Höhe des Apothekerbergs das klassizistische Schloss als Witwensitz für Königin Friederike Luise (heute Walther-Rathenau-Gedenkstätte), 1822 wurde der Schlosspark nach Vorgaben des Landschaftsdesigners Peter Joseph Lenné neu gestaltet. Die 1840 eingeführten Moorbäder sind heute Grundlage des Kurbetriebs. Da die Stadt im 2. Weltkrieg fast unzerstört blieb, präsentiert sie sich mit einem hervorragend erhaltenen Altstadtbild: Zentrum ist auf dem Anger der Markt mit dem Oderlandmuseum in einem palaisartigen Fachwerkhaus (1760) und der ursprünglichen gotischen Nikolaikirche mit ihrem stadtbildprägenden Turm.

i Tourist-Information der Kur-

BERLIN

Der Kern der Bundeshauptstadt und größten Stadt Deutschlands liegt in einem eiszeitlichen Urstromtal, durch das die Spree quer durch das heutige Bundesland Berlin von Köpenick bis zur Mündung in die seenreiche Havel in Spandau fließt. Nördlich der Spree und dieses »Warschau-Berliner Urstromtals« erhebt sich die Hochfläche des Barnim, im Süden überragt die Grundmoränenplatte des Teltow das Tal, während sich im Westen das Havelland mit seinen Hunderten von Seen weitet und im Nordosten die Seen und Wälder der Märkischen Schweiz zum Wandern locken.

Der Name Berlin steht für städtische Ballungszentren ebenso wie für das ländlich geprägte Umland der ehemals selbstständigen Dörfer und Gutsbezirke auf dem Gebiet des heutigen Bundeslands. Jungfernheide, Grunewald, Wannsee, Spandauer Forst, Müggelberge und weitere Gebiete waren ländlich bzw. von Wäldern und Seen geprägt und haben diesen Charakter zum Teil bis heute erhalten. Erst 1920 entstanden die Grenzen des heutigen Bundeslands Berlin. Damals wurden Berlin und die sieben Nachbarstädte Köpenick, Charlottenburg, Schöneberg, Spandau, Wilmersdorf, Neukölln und Lichtenberg sowie 59 Dorfgemeinden und 27 Gutsbezirke zur »Stadtgemeinde Berlin« vereinigt; mit 3,8 Mio Einwohnern und fast 900 km^2 Fläche größer als London oder Paris. Die neue Stadtgemeinde, für die sich bald der inoffizielle Name »Groß-Berlin« einbürgerte und deren Grenzen im Wesentlichen denen des heutigen Bundeslands Berlin entsprechen, wurde in 20 (heute 23) Stadtbezirke eingeteilt, wobei mit Ausnahme Alt-Berlins die ehemals selbstständigen Städte ihre Namen behielten; Alt-Berlin wurde in die Stadtbezirke Mitte, Tiergarten, Wedding, Prenzlauer Tor (heute: Prenzlauer Berg), Friedrichshain und Hallesches Tor (heute: Kreuzberg) unterteilt.

i Berlin Tourismus Marketing GmbH, Am Karlsbad 11, 10785 Berlin, Reservierungsservice Tel 030-250025 www.btm.de und www.berlin-tourist-information.de

Tourist-Info-Centers befinden sich u. a. im Europa-Center (Eingang Budapester Straße) und am Brandenburger Tor (Südflügel). Die offizielle Website der Bundeshauptstadt steht unter www.Berlin.de im Netz und bietet eine Fülle an Informationen über alle nur erdenklichen Themen von der Nofretete-Büste und dem Pergamonaltar im Ägyptischen Museum bis zu Sportevents im Olympiastadion, vom Nachtleben bis zu Restaurants und einem Tipp-Kalender; hinzu kommt ein aktueller Stadtplan.

Güntherquelle bei Buckow.

und Fremdenverkehrsgesellschaft Bad Freienwalde mbH, Uchtenhagenstr. 2, 16259 Bad Freienwalde, www.bad-freienwalde.de

Bernau

Die Stadt Bernau an der Märkischen Eiszeitstraße auf der Barnimhochfläche hat im Zentrum ihr historisches Stadtbild bewahrt und liegt in einer wald- und seenreichen Umgebung, deren Wege zum Radwandern wie geschaffen sind. Die ringförmig um die Altstadt geführte mittelalterliche Stadtmauer, die vierschiffige gotische Marienkirche und die Georgskapelle erinnern an die Blütezeit der alten Handelsstadt. Wahrzeichen ist das Steintor mit dem Hussitenmuseum, größte Veranstaltung das Hussitenfest: Es erinnert an die Abwehr der Heere religiöser Fanatiker im Jahr 1432. Zur Stadt Bernau gehören seit 2003 Börnicke, Ladeburg, Lobetal und Schönow.

i Fremdenverkehrsamt Bernau, Bürgermeisterstr. 4, 16321 Bernau bei Berlin, www.bernau.de

Buckow

Der Kneippkurort Buckow ist Mittelpunkt und meistbesuchtes Ausflugsziel der Märkischen Schweiz. Mehr als ein Dutzend größerer und kleinerer Seen sowie bis zu 130 m hohe, zum Teil ungewöhnlich steile »Berge« umgeben die kleine Stadt mit ihrem Schlosspark und der Villenkolonie am Schermützelsee.

Tour 16 beschreibt den Rundgang durch dieses attraktive Städtchen, zu dem von Müncheberg aus die als Museumsbahn betriebene Buckower Kleinbahn fährt (Tour 11), Tour 17 beschreibt den Panoramarundweg um den Schermützelsee.

i Fremdenverkehrsamt Märkische Schweiz, Wriezener Str. 1a, 15377 Buckow, www.kurstadt-buckow.de

Eberswalde

Eberswalde, die Kreisstadt des Landkreises Barnim, ist die schleusenreichste Stadt Deutschlands. Der nach dem Flüsschen Finow benannte Finowkanal, seit 1746 als Wiege der brandenburgisch-preußischen Industrie eine wirtschaftliche Schlagader der Stadt, »durchfließt« das Stadtgebiet im Eberswalder Urstromtal auf einer Länge von 15 km, seine sechs historischen Schleusen und die ihn seit der Landesgartenschau 2002 flankierenden Parkanlagen prägen das Stadtbild ebenso wie der mächtige Westturm der dreischiffigen gotischen Backsteinbasilika in erhöhter Lage über der Altstadt, in der zahlreiche Häuser des 17.–19. Jh. erhalten sind. Zur Stadt gehört die 1970 eingemeindete Stadt Finow sowie die 1993 eingemeindeten Gemeinden Sommerfelde und Tornow.

i Tourist Information Eberswalde, Steinstraße 3, 16225 Eberswalde, www.eberswalde.de

Fürstenberg/Havel

Die »Wasserstadt« Fürstenberg an einem alten Havelübergang zwischen dem Röblin- und dem Schwedtsee liegt im waldreichen Fürstenberger Seenland im Norden der Mark und ist zugleich ein Hauptausgangspunkt für Touren in die Regionen Uckermärkische Seen, Mecklenburgische Seenplatte und Stechlin-Ruppiner Land. Mit Templin ist Fürstenberg verbunden durch die Fahrraddraisinenstrecke, die quer durch den Naturpark Uckermärkische Seen führt. Fürstenberg wird seit über zehn Jahren restauriert. Zu den bedeutendsten

Berliner Tor in Müncheberg.

Sehenswürdigkeiten zählen der pittoreske Ausflugsort Himmelpfort und die eindrucksvolle Mahn- und Gedenkstätte KZ Ravensbrück am Ostufer des Schwedtsees. Ravensbrück war das größte Frauenkonzentrationslager während der nationalsozialistischen Diktatur; ca. 92.000 Menschen (auch Männer) wurden hier ermordet. Ab 1945 nutzte die Rote Armee die Baulichkeiten als Kaserne. 1959 wurde die Mahn- und Gedenkstätte am Schwedtsee eingerichtet, die umliegenden, zum originären KZ gehörigen, heute meist vandalisierten Gebäude wurden bis 1994 von sowjetischen bzw. GUS-Truppen genutzt.

i Tourismusverein Fürstenberger Seenland, Am Bahnhof, 16798 Fürstenberg/Havel, www.fuerstenberger-seenland.de

Lychen

Der Erholungsort Lychen ist das Zentrum des Naturparks Uckermärkische Seen. Das naturräumlich zur Mecklenburgischen Kleinseenplatte gehörende Lychener Seenkreuz besteht aus 7 Hauptseen, die alle miteinander verbunden sind, was Lychen zu einem idealen Wasserwandergebiet macht. Die Altstadt von Lychen liegt auf einer Insel zwischen den drei Seen Oberpfuhl, Nesselpfuhl und Stadtsee. Der Große Lychensee ist das Sammelbecken aller Lychener Seen. Er ist mit 2,7 km^2 der größte See im Gebiet. Die Woblitz bildet seinen schiffbaren Abfluß zur Havel bei Fürstenberg. Ein weithin sichtbares Wahrzeichen der Lychener Altstadt ist die frühgotische Feldsteinkirche St. Johannes.

i Fremdenverkehrsverein Lychen, Fürstenberger Straße 11a, 17279 Lychen, www.lychen.de

Müncheberg

Die Mittelalterstadt Müncheberg mit ihrer 1800 m langen Stadtmauer und den Verteidigungstürmen im Osten und Westen der Altstadt ist das südliche Tor zur Märkischen Schweiz. Schon kurz nach der Gründung durch Zisterziensermönche blühte der Ort zu einer der bedeutendsten und wohlhabendsten Städte der Mittelmark auf im Schatten der gotischen Marienkirche, die als alles überragende Landschaftsdominante auf einem Hügel thront.

i Touristinformation Stadt Müncheberg, Ernst-Thälmann-Str. 101 (im Torwächterhaus), 15374 Müncheberg, www.muencheberg.de

Neuhardenberg

Neuhardenberg vor den Wäldern der Märkischen Schweiz am Westrand des Oderbruchs zählt seit Sanierung und Wiedereröffnung 2002 zu den schönsten Schloss- und Parkanlagen rund um Berlin. Das im Besitz der Sparkassen-Finanzgruppe befindliche Ensemble besteht aus einem Hotel, drei Restaurants, Tagungs- und Konferenzräumen sowie Räumlichkeiten für Ausstellungen, Konzerte und Theaterveranstaltungen; für das kulturelle Programm zeichnet die Stiftung Schloss Neuhardenberg verantwortlich. Über die Geschichte von Schloss und Dorf informiert die Dauerausstellung »Schloss Neuhardenberg. Ein Ortstermin« im Kavaliershaus. Der Reformer Karl August von Hardenberg erhielt das Schloss 1814 für seine Verdienste als preußischer Staatskanzler. 1815–17 ließ er nach Plänen Friedrich Schinkels die Dorfkirche errichten (auf der Ostseite die hardenbergsche Grabstätte) und 1817ff. das Schloss zu einem klassizistischen Palais umbauen, den Schlosspark gestaltete Joseph Peter Lenné.

Nach dem gescheiterten Attentat auf Hitler wurden die Hardenbergs 1944 von den Nationalsozialisten enteignet. 1945 übernahmen die Kommunisten Dorf und Schloss, bestätigten die nationalsozialistische Enteignung und benannten 1949 den Ort in »Marxwalde« um.

i Schloss Neuhardenberg, Schinkelplatz, 15320 Neuhardenberg, www.schlossneuhardenberg.de

Neuruppin

Die Fontanestadt Neuruppin am Ruppiner See, dem mit 14 km längsten See Brandenburgs, ist die Kreisstadt des Landkreises Ostprignitz-Ruppin und das südliche Tor zur Ruppiner Schweiz. Wegen des regelmäßigen gitterförmigen Straßennetzes in der nach dem Brand von 1787 in klassizistischen Formen neu errichteten Stadt und der zahlreichen Kasernen aus der Kaiserzeit (sie werden seit 1993 anderweitig genutzt) wird der Geburtsort von Theodor Fontane und des Stararchitekten Friedrich Schinkel auch als »preußischste aller preußischen Städte« bezeichnet. Tatsächlich reicht Neuruppin als eine der flächenmäßig größten Städte Deutschlands weit über die »preußische« Innenstadt hinaus und umfasst im Norden die Ruppiner Schweiz, eines der schönsten Wandergebiete rund um Berlin. Die Ruppiner Schweiz wiederum ist Teil des Naturparks Stechlin-Ruppiner Land. Anlässlich von Fontanes 100. Todestag wurde Neuruppin 1998 offiziell in »Fontanestadt Neuruppin« umbenannt.

i Tourismus-Service BürgerBahnhof, Karl-Marx-Str. 1,
16816 Fontanestadt Neuruppin, www.neuruppin.de

Oranienburg

Oranienburg in der seen- und waldreichen Havelniederung am Westrand des Barnim ist die Kreisstadt des brandenburgischen Landkreises Oberhavel und seit dem ausgehenden 19. Jh. ein bedeutendes Ausflugsziel vor den Toren Berlins. Das Museum im Schloss, dem Wahrzeichen der Stadt, und der Lehnitzsee, an dessen Ostufer der Europäische Fernwanderweg 10 und an dessen Westufer der Radfernweg Berlin-Kopenhagen entlangführen, sind heute die Hauptziele, auch die Gedenkstätten des nationalsozialistischen und kommunistischen Mordlagers Sachsenhausen ziehen alljährlich 300.000 Besucher an. Die aus dem Haus Oranien-Nassau stammende Louise Henriette von

Naturpark-Übersichtstafel beim ehemaligen Forsthaus Sellenwalde bei Rheinsberg.

Brandenburg, die Frau des Großen Kurfürsten Friedrich Wilhelm, ließ hier 1651–55 die Oranienburg errichten; der Name dieses Schlosses ging auf den Ort über. Ihr Sohn, der Kurfürst und erste preußische König Friedrich I., ließ das Schloss ab 1689 zu einer Dreiflügelanlage erweitern. Das 1999 nach grundlegender Sanierung eröffnete Schlossmuseum präsentiert in den Fest- und Paraderäumen sowie in der Königswohnung Gemälde, Skulpturen, Gobelins u. a. Kunstwerke, die die engen künstlerischen Beziehungen zu den Niederlanden um 1650 und die brandenburgische Hofkultur um 1700 darstellen. Dazu zählen zahlreiche Gemälde aus der Sammlung des Großen Kurfürsten und Friedrichs I., darunter des flämischen Barockmalers Anthonis van Dyck. Seit 1993 erinnert der Komplex »Gedenkstätte und Museum Sachsenhausen« an die hier verübten Folterungen und Massenmorde im nationalsozialistischen Konzentrationslager Sachsenhausen (1933-45) und dem nachfolgenden kommunistischen »Speziallager Nr. 7« (1945–50).
Straße der Nationen 22, 16515 Oranienburg, www.gedenkstaette-sachsenhausen.de.

i Touristen-Info Oranienburg, Bernauer Str. 52, 16515 Oranienburg, www.oranienburg.de

Rheinsberg

Die Stadt Rheinsberg am Grienericksee im Naturpark Stechlin-Ruppiner Land zählt mit dem Schloss, dem Schlosspark und dem historischen Stadtkern zu den bedeutendsten Sehenswürdigkeiten Brandenburgs. Mit der Dreiflügelanlage auf der Schlossinsel begann die Entwicklung des friderizianischen Rokoko, das später in Sanssouci seine prunkvollste Entfaltung fand. Der Schlossgarten spiegelt die Entwicklung der Gartenbaukunst vom barocken »Lustgarten« bis zum frühen Landschaftspark und ist als solcher einzigartig unter den historischen Gärten in Deutschland. Der älteste Siedlungsplatz war die Remusinsel im Rheinsberger See. Auf der heutigen Schlossinsel am Ausfluss des Rhin aus dem Grienericksee wurde im 12. Jh. die »Rhinburg« als Grenzfeste der Grafschaft Ruppin gegen Mecklenburg errichtet; in der Folgezeit entwickelte sich in der Nachbarschaft der Burg die Stadt, deren Bewohner in Kriegszeiten Zuflucht auf der Remusinsel suchten.

Für den Kronprinzen Friedrich d. Gr., der hier »die schönste Zeit meines Lebens« verbrachte, baute Georg von Knobelsdorff 1737–39 eine mittelalterliche Wasserburg zu einer Dreiflügelanlage um, die das Ursprungswerk des friderizianischen Rokoko ist. 1744 schenkte Friedrich d. Gr. die Anlage seinem Bruder Heinrich, der u. a. auf der Seeseite des Schlosses die beiden Rundtürme anbauen und den von Knobelsdorff entworfenen Rokokogarten in einen Landschaftspark umgestalten ließ. Zu DDR-Zeiten war das Schloss als Sanatorium für Besucher unzugänglich, nach der Verlegung des Sanatoriums begann 1991 die Restaurierung, die Räumlichkeiten beherbergen heute unterschiedlichste Kulturbetriebe. Das Kurt Tucholsky Literaturmuseum erinnert an den Liebesurlaub des Schriftstellers, dessen Reise-Erzählung »Rheinsberg. Ein Bilderbuch für Verliebte« (1912) seinen Ruhm begründete. Die im Kavalierhaus untergebrachte Musikakademie Rheinsberg bildet junge Musiker aus; Serenaden, Flöten-, Orgel- und Chorkonzerte von Meisterschülern erklingen im Spiegelsaal des Schlosses und in der Laurentiuskirche. Im Juli und August findet vor der malerischen Schloss-, Park- und Seekulisse das Internationale Opernfestival Kammeroper Schloss Rheinsberg statt. Auch das 2000 eröffnete Schlosstheater Rheinsberg hat sich zu einem wichtigen kulturtouristischen Anziehungspunkt entwickelt.

i Tourist Information Rheinsberg, Markt, 16831 Rheinsberg, www.rheinsberg.de

Rüdersdorf

Die Gemeinde Rüdersdorf an Kalksee und Stienitzsee ist ein Inbegriff des Kalksteinabbaus vor den Toren Berlins. Der Museumspark Rüdersdorf im ehemals größten Kalksteinbruch und -verarbeitungsgebiet Mitteleuropas zählt zu den bedeutendsten Industriedenkmälern Deutschlands und ist als Ort unterschiedlichster Veranstaltungen (von Walpurgis und Halloween bis zu Mountainbiketouren, Konzerten und dem »Feuersteinfest«) zugleich ein bedeutendes Freizeitzentrum vor den

Toren der Bundeshauptstadt. Seit über 750 Jahren wurden hier Kalkstein abgebaut und die Baustoffe für das Brandenburger Tor, die Terrassen von Schloss Sanssouci u. a. bedeutende Bauwerke im Berliner Raum produziert. Durch den Abbau entstand der größte geologische Aufschluss Norddeutschlands mit einer Länge von 4 km und einer Breite von 2 km. Der Muschelkalk enthält zahlreiche Fossilien und Minerale, darunter Versteinerungen von Saurierknochen und Haifischzähne. Die Rumfordöfen stehen für die industrielle Revolution des Kalkbrennens zu Beginn des 19. Jh. Die Industriebauten stehen teilweise wie Kunstwerke auf dem 17 ha großen Gelände: Führungen zu Fuß oder im Landrover durch das 240 Mio. Jahre alte Kalksteinmeer gehören ebenso zu den Möglichkeiten wie Besichtigung bzw. Arbeiten im Seifenlabor, Bildhaueratelier, Gesteinslabor usw. Zahlreiche themenbezogene Exkursionswege führen zu verwunschenen Seen und zum romantischen Mühlenfließufer.

i Gemeinde Rüdersdorf, H.-Striegelski-Str. 5, 15558 Rüdersdorf bei Berlin, www.ruedersdorf.de

Strausberg

Die 750 Jahre alte Barnimstadt Strausberg, »die grüne Stadt am See«, liegt im Herzen des Strausberger Seen- und Waldgebiets zwischen den Naturparks Märkische Schweiz und Barnim und ist dank der S-Bahn ein rasch erreichbares und viel besuchtes Naherholungsziel von Berlin aus. Die von klassizistischen Bauwerken, darunter dem Rathaus (1819), geprägte Altstadt liegt am Ostufer des Straus-

Rathaus in Templin.

sees, über den eine unter Denkmalschutz stehende Seilfähre mit elektrischer Oberleitung pendelt. Auf der Seeseite befinden sich auch die besterhaltenen Reste der mittelalterlichen Stadtmauer, die die Bürger- und Mönchestadt auf 1600 m umgab. Den besten Blick auf Strausberg genießt man vom Westufer des Straussees aus: Altstadtbildprägend ist der mächtige Westturm der spätgotischen Marienkirche. Strausberg ist einer der größten Bundeswehrstandorte.

i Stadt- und Tourist-Info Strausberg, August-Bebel-Str. 1, 15344 Strausberg, www.strausberg.de

Templin

Das Thermalsoleheilbad Templin, die »Perle der Uckermark« am Templiner Seenkreuz, ist einer der bedeutendsten Wassersportplätze Brandenburgs und verfügt mit seiner 51-türmigen Stadtmauer (Türme von 48 Wiekhäusern und drei Toren) aus dem 14. Jh. über eine der besterhaltenen Wehranlagen einer mittelalterlichen norddeutschen Kleinstadt. Im Prenzlauer Tor ist das Uckermärkische Volkskundemuseum untergebracht.

Das Mühlentor, das kleinste der drei erhaltenen Stadttore, beherbergt den Volkskunstverein zur Pflege uckermärkischer Traditionen. Das Berliner Tor mit einer der schönsten Fassaden der Backsteingotik in Norddeutschland, zeigt die Ausstellung »Lebensräume« über den Naturpark Uckermärkische Seen und das Biosphärenreservat Schorfheide-Chorin. Von der historischen Altstadt führt die 3 km lange Landschafts-Kurmeile autofrei zum Thermalsolebad »NaturTherme Templin« im Süden der Stadt. Das Templiner Seenkreuz besteht aus insgesamt sechs Seen mit einer Fläche von 599 ha. Die 2005 neu eröffnete Schleuse Templin befindet sich direkt vor der Stadtmauer. Einmalig ist auch die Draisinen-Strecke zwischen Templin und Fürstenwalde.

i TourismusServiceTemplin, Obere Mühlenstr. 11 (Akzisehaus), 17268 Templin, www.templin.de

Wandlitz

Wandlitz mit seinen Badeseen und Wäldern im Naturpark Barnim zählt seit über 100 Jahren zu den beliebtesten »Sommerfrischen« im Norden von Berlin; die »geheime Waldsiedlung Wandlitz«, eine Art Wolfsschanze der sozialistischen Führer, ist noch immer ein angestauntes Politobjekt, obwohl sie längst zum Kurort umgewandelt wurde. Nach der Eröffnung der Heidekrautbahn 1901 nahm das Bauerndorf Wandlitz am Südufer des Wandlitzsees einen kometenhaften Aufschwung, Villen und Landhäuser schossen an den Wandlitzer Seen wie Pilze aus dem Boden, am Nordufer des Wandlitzsees entstand der gleichnamige neue Ortsteil, an den drei Heiligen Pfühlen wurde 1907/08 nach einem Architektenwerb eine Villensiedlung errichtet und in den goldenen 20er Jahren kam die Künstlerkolonie am Rahmer-

Liepnitzsee bei Wandlitz.

see hinzu. Alle diese Siedlungseinheiten sind bis heute erhalten. Im alten Dorfkern am Wandlitzsee befinden sich die Kirche, die Verwaltung des Naturparks Barnim, das Heimat- und das Agrarmuseum. Im Zentrum von Wandlitzsee vermitteln gepflegte Villen, eine Seepromenade und das neu gestaltete historische Strandbad das Flair eines gediegenen Kur- und Badeorts. Zum Wandlitzer Seengebiet gehören neben dem Wandlitzsee der Liepnitzsee, die Drei Heiligen Pfühle, der Stolzenhagener See, der Rahmer- und Lubowsee sowie der Bogensee. Nach den antikommunistischen Aufständen von 1953 (DDR) und 1956 (Ungarnaufstand) ließ Ulbricht in der Art eines Hochsicherheitstrakts die geheime »Waldsiedlung Wandlitz« als Luxusrefugium für die oberen Klassen der sozialistischen Diktatur errichten: Ausgedehnte Bunkeranlagen für die Regierungsmitglieder u. a. SED-Bonzen entstanden innerhalb des von einer 2 m hohen Mauer umgebenen Geländes ebenso wie erlesene Datschas. 1990 konnten Journalisten das Areal erstmals besichtigen. Auf dem Gelände entstand überraschend schnell die Brandenburg-Klinik I, schon 1991 wurde Waldsiedlung als Kurort anerkannt, 1992 wurde die Brandenburg-Klinik II fertig gestellt, 1993 die 23 ehemaligen Politbüro-Wohnhäuser zur Brandenburg-Klinik III umgebaut.

i Tourismusverein Naturpark Barnim, Prenzlauer Chaussee 157, 16348 Wandlitz, www.wandlitz.de

Sehenswürdigkeiten, Naturdenkmäler, Ausflugsziele

Der fischreiche **Schermützelsee** ist mit 146 ha der größte See der Märkischen Schweiz. Zugleich ist er einer der saubersten – seine gute Wasserqualität erlaubt Sichttiefen bis zu 6 m – und tiefsten: In seinem nördlichen Becken erreicht er mit 45 m eine beachtliche Tiefe, dort fühlt sich die Maräne wohl. Sein wichtigster Zufluss ist das Sophienfließ, das ihm von Norden in einem der schönsten Schluchttäler der Märkischen Schweiz zueilt. Über den Buckowsee entwässert er in den Stobber, der ostwärts durch eines der schönsten Naturschutztäler der Märkischen Schweiz den Altfriedländer Teichen zufließt. Angler warten auf den Biss von Plötze, Karpfen, Aal, Blei, Rotfeder, Barsch, Hecht und Schleie. Der Panoramaweg über die Berge im Westen des Sees erlaubt erstklassige Ausblicke, den höchsten und aussichtsreichsten Berg jedoch muss man sich auf eigene Faust erwandern: Die **Bollersdorfer Höhe** (82 m) erhebt sich oberhalb der Schwarzen Kehle 54 m über dem Spiegel des Scharmützelsees und bietet ein wunderbares Bild der wald- und seenreichen Buckower Beckenlandschaft zwischen den Orten Pritzhagen, Münchehofe, Waldsieversdorf und Bollersdorf, markant treten auch die »Kehlen« genannten Erosionsschluchten hervor, die die Berge im Westen des Sees gliedern.

Der **Große Klobichsee** ist mit 74 ha der zweitgrößte See der Märkischen Schweiz. Einschließlich der umgebenden Laubwälder, Waldsümpfe, Waldmoore, Trockenhänge, Feuchtwiesen und kleineren Seen bildet er das Zentrum eines der landschaftlich schönsten Naturschutzgebiete des Naturparks. Am Ostufer befinden sich ein Badestrand und ein Campingplatz, ansonsten sind seine Ufer unverbaut, sodass sich hier ein bedeutendes Rückzugsgebiet für gefährdete Pflanzen und Tiere entwickelt hat. Auffällig ist das reiche Vorkommen von Orchideengewächsen wie Waldhyazinthe, Waldvögelein, Zweiblatt, Sumpfsitter und verschiedene Knabenkräuter. Im Westuferbereich leben einige Exemplare der Europäischen Sumpfschildkröte; vor 100 Jahren waren diese Tiere noch so häufig, dass sie in Massen gefangen und an Feinschmeckerrestaurants in Buckow und Berlin geliefert wurden.

Der von bewaldeten Hügeln umgebene **Werbellinsee**, ein 13 km langer Rinnensee in der Schorfheide, zählt seit dem 19. Jh. zu den bedeutendsten Ausflugszielen im Norden Berlins und ist heute mit sieben Badestellen, drei Campingplätzen und der Zulassung für Boote aller Art (auch Motorboote) eines der bedeutendsten Wassersportparadiese; da er durch den Werbellinkanal mit dem Oder-Havel-Kanal verbunden ist, ist er zugleich ein bedeutendes Revier für Wasserwanderer. Theodor Fontane beschrieb das Dorf Altenhof am Ostufer als einen »Märchenplatz, auf dem wir sitzen, denn wir sitzen am Ufer des Werbellin«. Der »romantische« preußische König Friedrich Wilhelm IV. ließ 1847 in den Wäldern über dem Westufer das Jagdschloss Hubertusstock errichten (heute Hotel und Seminarzentrum), das nach dem Abriss in den 1970er Jahren als Replik wieder aufgebaut wurde und den Rahmen für Staatsbesuche bildete (Begegnung Honecker / Schmidt 1981). Die 1898 eröffnete Bahnlinie Eberswalde – Joachimsthal trug wesentlich zum Aufschwung des Tourismus am Werbellin bei. Vom »Kaiserbahnhof« an der Nordbucht des Werbellinsees startete Wilhelm II. zum Hubertusstock, um der Jagd zu frönen. Im Waldhof am Westufer hatten die beiden Präsidenten (Ebert und Hindenburg) der Weimarer Republik ihre Sommerresidenz. Gegenüber bei Altenhof trainierten 1951-89 kommunistische Jugendbrigaden den Klassenkampf (heute Europäische Jugenderholungs- und Begegnungsstätte mit jährlich ca. 35.000 Gästen), während Altenhof Ferienort für die SED-Gewerkschaftsorganisation FDGB war. Im Sommer herrscht am Werbellinsee reges Treiben, wer den See ähnlich erleben will wie Fontane, erkundet ihn am besten im Frühjahr, im Herbst und im Winter.

Sehenswürdigkeiten, Naturdenkmäler, Ausflugsziele

Die **Buckower Kleinbahn** in der Märkischen Schweiz ist die einzige elektrifizierte Museumseisenbahn Norddeutschlands. Seit 2003 pendeln die roten »Buckower Triebwagen« (E-Triebwagen) samstags, sonn- und feiertags von ca. Ostern bis ca. zum Tag der deutschen Einheit auf der 5 km langen Strecke zwischen Müncheberg und dem Kurort am Schermützelsee. Die Eröffnung der 750-mm-Schmalspurstrecke im Jahr 1897 als von der Linie Berlin – Küstrin abzweigende Stichbahn markierte den Beginn des Tourismus in der Märkischen Schweiz. Streitigkeiten mit dem benachbarten Wüste Sieversdorf wurden erst beigelegt, als der dortige Bürgermeister drohte, eine eigene Bahn bauen zu lassen: 1906 wurde der Haltepunkt »Wüste Sieversdorf« eingerichtet, 1907 erhielten Haltepunkt und Ort den heutigen Namen »Waldsieversdorf«. In den goldenen 20er Jahren hielt Buckow mit rund 80.000 Übernachtungen den Spitzenplatz unter den märkischen Luftkurorten vor Bad Freienwalde und Neuruppin. Zehntausende drängten sich im Sommer an den Bahnhöfen der völlig überlasteten Schmalspurbahn, die einen derartigen Ansturm nicht verkraften konnte: Tausende blieben an schönen Sommerwochenenden bei der Abfahrt auf den Bahnsteigen zurück. Parallel zur Schmalspurstrecke wurde daraufhin eine elektrifizierte Kleinbahnstrecke gebaut und am 15. Mai 1930 eröffnet; die Gleise der Schmalspurbahn wurden abgebaut. In der DDR war die Buckower Kleinbahn nach der Umstellung auf Triebwagen (»Buckower Triebwagen«) eine der am besten ausgelasteten Nebenstrecken im Arbeiter- und Bauernstaat. Als ab 1989/90 der planwirtschaftliche Gewerkschafts- und Parteitourismus wegbrach, war auch das Ende der nunmehr unrentablen Buckower Kleinbahn eingeläutet: 1993 wurde der elektrische Betrieb eingestellt, bis 1998 fuhren nur noch »Ferkeltaxen« (DDR-Ausdruck für Schienenbusse im ländlichen Raum). In Privatinitiative gelang es dem Eisenbahnverein Märkische Schweiz e. V., die Buckower Kleinbahn als Museums- und Touristikbahn zu neuem Leben zu erwecken. Das Eisenbahnmuseum im Buckower Bahnhof dokumentiert die Geschichte der Bahn. (Tour 11)

Bert Brecht prägte als Begründer des epischen Theaters weltweit die Entwicklung von Literatur und Theater und wurde auch als Lyriker zum Klassiker des 20. Jh. 1952 leistete er sich das Anwesen am Schermützelsee, um sich zu erholen und sich vom »Kaderwelsch« sprechenden Regime zu isolieren. Auf die Unterdrückung des Aufstands vom 17. Juni 1953 reagierte er mit teilweise erst nach seinem Tod veröffentlichten, hintergründigen Gedichten, die unter dem Namen »Buckower Elegien« zusammengefasst wurden. Nach seinem Tod 1956 lud seine Witwe Helene Weigel Gäste auf das Anwesen und nutzte es bis zu ihrem Tod 1971 zur Erholung. 1977 wurde die Gedenkstätte eröffnet. Seit 1998 wird im **Brecht-Weigel-Haus** alljährlich ein »Literatursommer« mit Lesungen, Liedernachmittagen, Konzerten, Gesprächsrunden, Diskussionen, Filmen und Ausstellungen veranstaltet.

Das 1934 eröffnete **Schiffshebewerk Niederfinow** im Oder-Havel-Kanal kurz vor der Einmündung des Finowkanals zählt zu den bedeutendsten wasserbautechnischen Denkmälern Brandenburgs und ist ein lohnendes Ziel für Sightseeing ebenso wie für Radtouren (Oder-Havel-Radweg) und Wanderungen (Treidelpfade). Es ist das älteste noch im Dienst befindliche unter den nur vier Schiffshebewerken in Deutschland (die anderen: Henrichenburg bei Waltrop, Rothensee bei Magdeburg, Scharnebeck bei Lüneburg). In nur fünf Minuten werden Schiffe 36 m gehoben bzw. gesenkt, wobei sie in einem 85 m langen, 12 m breiten und ca. 2,5 m tiefen »Schiffstrog« schwimmen. Das 1931/32 aufgestellte stählerne Hebewerksgerüst ist 60 m hoch, 94 m lang und 27 m breit.

Marquardt – Paretz

Von Schloss zu Schloss im Havelland

Ausgangspunkt: Bahnhof bzw. Schloss Marquardt. Anfahrt auf der A 10 Berliner Ring West Ausfahrt Potsdam Nord und auf der B 273 Richtung Potsdam bis Marquardt.
Bahn/Bus: Regionalbahnhaltepunkt Marquardt der Linie Potsdam – Wustermark – Berlin/Spandau. Von Paretz besteht direkter Busverkehr zurück nach Marquardt.
Gehzeit: 3½ Std. (14 km) einfache Strecke – Zeit einplanen wegen der Schlösser und Parks!
Charakter: Uferpromenade auf überwiegend fahrradfähigen Wegen.
Einkehr: Mehrere Einkehrmöglichkeiten.
Karte: Kompass Nr. 745.

Von Schloss Marquart führt der 66-Seen-Weg in das Naturschutzgebiet Falkenrehder Wublitz, von dort geht es auf dem E 10 längs des Havelkanals weiter zum Schloss Paretz.

Vom **Bahnhof Marquardt** gehen wir ortseinwärts und sehen bald **Schloss Marquardt** am **Schlänitzsee**. Schloss und Park Marquardt zählen zu den schönsten Ausflugszielen der Schlösser- und

Schloss Paretz: Luises Sommersitz

Schloss, Park und Dorf Paretz wurden 1797-1804 von David Gilly als Sommersitz des preußischen Königs Friedrich Wilhelm III. und seiner Frau Luise angelegt als eines der bedeutendsten Zeugnisse der vorklassizistischen Landbaukunst in Brandenburg.

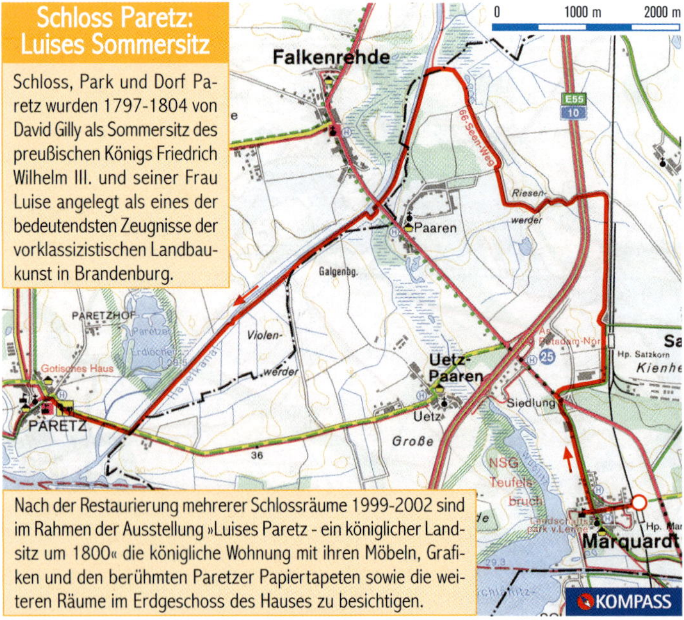

Nach der Restaurierung mehrerer Schlossräume 1999-2002 sind im Rahmen der Ausstellung »Luises Paretz - ein königlicher Landsitz um 1800« die königliche Wohnung mit ihren Möbeln, Grafiken und den berühmten Paretzer Papiertapeten sowie die weiteren Räume im Erdgeschoss des Hauses zu besichtigen.

Windmühle in Paretz.

Seenlandschaft rund um Potsdam. Die Blaue Grotte im Schlosspark wurde im ausgehenden 18. Jh. für Sitzungen der Rosenkreuzer angelegt, auch König Friedrich Wilhelm III. nahm daran teil. Ab 1823 gestaltete Joseph Peter Lenné den Garten zum Landschaftspark um. Das Schloss (1791) erhielt sein heutiges Aussehen im Wesentlichen ab 1893, als der Industrielle und Geheimrat Louis Ravené es als neuer Besitzer aufstocken und zu einer L-förmigen Anlage mit Tanzsaal (1913) im Ostflügel erweitern ließ. 1932 pachtete der Hotelkönig Kempinski das Schloss, das in der Folgezeit zu einem beliebten Ausflugsziel avancierte. Die Terrasse des Schlossrestaurants bietet einen vorzüglichen Blick über den zum Ufer hin abfallenden Park hinaus auf den Schlänitzsee.

Kurz vor Erreichen des Schlossparks zweigt rechts die Blaupunkt-Markierung des 66-Seen-Wegs ab und verlässt den Ort auf der Hauptstraße, nach Unterqueren der Bundesstraße rechts auf einer alten Kastanienallee, dann längs der Bahnlinie am ehemaligen Bahnhof Satzkorn vorbei. Bald nach Überqueren der Autobahn erreicht der Feldweg das Naturschutzgebiet **Falkenrehder Wublitz** den Havelkanal. Die DDR-Führung ließ 1951/52 den 34,9 km langen Kanal erbauen, um zu verhindern, dass Schiffer aus Versehen auf der Havel nach Westberlin fahren.

Der Damm des Havelkanals führt durch das Naturschutzgebiet **Falkenrehder Wublitz**, ein Verbundsystem von Feuchtbiotopen auf dem Gebiet des größtenteils verlandeten Wublitzsees in der vom Havelkanal durchquerten Havelniederung. In dem 106 ha großen Gebiet wechseln sich Auenwälder, Moore, Kleingewässer, aus der Bewirtschaftung entlassenes Wiesenland, Erlenbruchwälder u. a. ab. Schließlich endet die abwechslungsreiche Kanalpassage an der Straße Marquardt – Ketzin, der wir nun rechts zum **Schloss Paretz** folgen.

Schönwalde – Brieselang

Durch den Krämer Forst zum Nymphensee

Ausgangspunkt: Dorfkirche in Schönwalde (Gemeinde Schönwalde-Glien). Anfahrt A 10 Berliner Ring West Ausfahrt Falkensee.
Bahn: Der Zielort Brieselang liegt an der Regionalbahnlinie Berlin-Charlottenburg – Nauen.
Gehzeit: 3½ Std. (14 km) einfache Strecke; zusätzlich Zeit zum Baden einplanen.
Charakter: Wald- und Grünlandwanderung auf zum Teil sandigen Wegen.
Einkehr: Schönwalde, Brieselang.
Karte: Kompass Nr. 745.

Von Schönwalde im Glien folgen wir dem 66-Seen-Weg durch den Regionalpark Krämer Forst zum Nymphensee, einen Badesee in Brieselang.

Von der Kirche in **Schönwalde Dorf** folgen wir der Dorfstraße südwärts, bis die Blaupunkt-Markierung des 66-Seen-Wegs und die Blaustrich-Markierung des E 10 rechts in den Falkenhagener Weg abzweigen und dem Wald zuleiten. Auf sandigen Wegen geht es durch die Kiefernforste der **Wansdorfer Unterheide**, bis wir an der **Schleuse Schönwalde** den **Havelkanal** erreichen und seinem Nordufer folgen. Bald nach Unterqueren der Eisenbahnbrücke verlässt der Wanderweg den Kanal, leitet aussichtsreich den Wäldern der **Blütenheide** zu und folgt dem Südrand des Waldgebiets auf einem Forstweg.

Zuletzt geht es im Wald links hinab zur Straßenbrücke über den

Nymphensee

Der Nymphensee mit dem Strandbad am Waldrand in Brieselang zählt zu den beliebtesten Ausflugszielen im Regionalpark Krämer Forst. Dass der ehemalige Baggersee zur Fernhaltung von Vandalen eingezäunt wurde und seit 1997 alljährlich die »Blaue Flagge« als europäisches Gütesiegel für

Nach der Heuernte.

Havelkanal; an dieser Stelle vereinigt sich der via Rheinsberg und Neuruppin herüberführende Weststrang des E 10 mit unserem Oststrang. Nach Überqueren des Kanals taucht der Weg hinter dem Forsthaus von **Alt-Brieselang** wieder in den Wald ein und erreicht bald die ersten Häuser von **Brieselang**.

Am Waldrand geht es nun südwärts und dann auf Nebenstraßen zum **Nymphensee**.
Hier rechts, und durch die Bahnstraße gelangen wir zum **Bahnhof Brieselang**.

gute Wasserqualität und umweltgerechte Bewirtschaftung erhalten hat, hat seine Bekanntheitsgrad noch gesteigert. Wegen des klaren Wassers ist der Nymphensee auch ein beliebtes Tauchrevier. Da er ausschließlich von Grundwasser gespeist wird und die Sonne durch das klare Wasser bis auf den 6 m tiefen Seegrund dringt, wächst das Seegras immer wieder bis an die Wasseroberfläche. Damit die Badegäste beim Schwimmen nicht am Bauch gekitzelt werden, wird das Unterwassergras alljährlich mit einer speziellen Vorrichtung gemäht. Bei einem Mähvorgang auf der 10 ha großen Fläche fallen zuweilen mehr als zehn Lastwagenladungen Seegras an.

Tegelort – Konradshöhe – Heiligensee

Auf dem alten Treidelweg an der Havel

Ausgangspunkt: Bushaltestelle Tegelort (Bezirk Reinickendorf).
Gehzeit: 3 Std. (11 km) hin und zurück.
Charakter: Uferpromenade auf überwiegend fahrradfähigen Wegen.
Einkehr: Mehrere Einkehrmöglichkeiten.
Karte: Kompass Nr. 745.

Vom Villenvorort Tegelort folgen wir der Havel-Uferpromenade auf dem ehemaligen Havel-Treidelweg aussichtsreich nach Heiligensee. Von der Bushaltestelle in **Tegelort** gehen wir durch die Almazeile zur Havel, wo links das Restaurant »Zum Igel« zur Einkehr am Wasser einlädt, während rechts vor dem Feuerwehrhaus in einem reetgedeckten Bootsschuppen (1929) das Löschschiff liegt. Wir folgen der Uferpromenade havelaufwärts und passieren die **einzige Berliner Autofähre**: Seit 1930 pendelt sie zwischen Jörsstraße und Aalemannufer, der mehrfach avisierte Bau einer Brücke scheiterte stets an den hohen Kosten. Weiter der Uferpromenade folgend, macht sich gegenüber der hohe Schlot des Bewag-**Kraftwerks Oberhavel** (1912) bemerkbar, das über den Teufelsseekanal mit Wasser versorgt wird. Wir wandern weiter und erreichen den 1865 entstandenen Ort **Konradshöhe**. Hier müssen wir zuletzt der Sandhauser Straße links folgen und erreichen die Badestelle **Tivoli**, so genannt nach dem ehemaligen Vergnügungslokal »Schröders Tivoli«. Rechts, jenseits der Straße, erheben sich die bewaldeten **Schifferberge**, bis zu 55 m hohe Dünen. Einer alten Sage zufolge soll in den Schifferbergen am Jo-

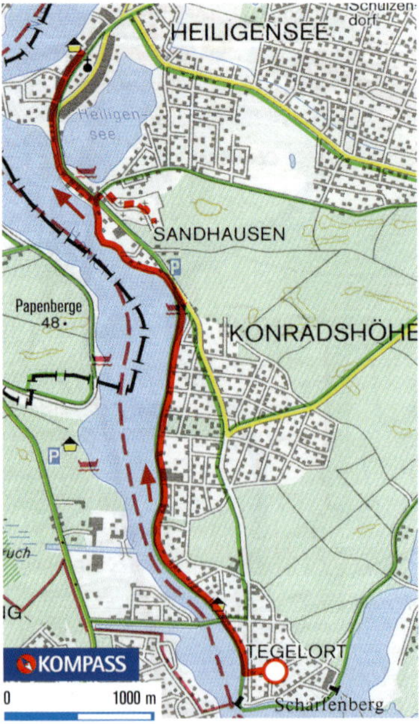

Badestelle am Tegeler See.

hannistag (24.Juni) eine Frau mit einem langen weißen Schleier und einer Krone bekleidet erscheinen, die in einem unterirdischen Schloss wohnt.

An der Rettungsstation biegen wir links ans Ufer der Havel ab und folgen ihm, bis ein Zaun den Weg versperrt und uns zwingt, zur Sandhauser Straße zurückzugehen. Gegenüber, über den Elchdamm erreichbar, liegt der sehenswerte **Friedhof Heiligensee**. Der parkähnliche Friedhof wurde 1912 angelegt; auf einem Plateau oberhalb des Friedhofs steht ein 3 m hohes Kreuz aus rotem Sandstein, das an die Toten des Zweiten Weltkriegs erinnert. Auf dem Friedhof finden sich auch mehrere Kopien von Teilen des Pergamon-Altars und eine Aussichtsplattform.

Von der **Sandhauser Brücke** blicken wir rechts auf den Heiligensee und links auf die Havel, wenig später erreichen wir den Dorfanger von **Heiligensee** mit der Dorfkirche und der Bushaltestelle. Der Heiligensee befindet sich in Privatbesitz, seine Ufer sind nicht zugänglich, nur das Freibad kann öffentlich genutzt werden.

Treidelweg an der Havel

Das Gebiet zwischen dem 1308 als Fischerdorf erstmals erwähnten Heiligensee und dem 1896 amtlich zum »Villenvorort« erklärten Tegelort war bis ins 17. Jh. völlig unbesiedelt und wurde als Jagdgebiet genutzt. Neben Bauern, Jägern, Pilzsuchern und Kräutersammlern durchzogen Kahnschiffer dieses Gebiet: Mit Hilfe von Schultergurten zogen sie ihre Lastkähne an Leinen havelaufwärts. Auf diese Weise entstand am Ostufer der Havel der Treidelweg, dem die heutige Uferpromenade folgt.

Friedrichshagen – Hoppegarten – Neuenhagen

Durch das grüne Erpetal

Ausgangspunkt: S-Bahnhof Friedrichshagen (Bezirk Treptow-Köpenick); Anfahrt auf der A 10 Berliner Ring Ost Ausfahrt Erkner, dann via Erkner weiter Richtung Berlin/Köpenick.
Bahn: S-Bahn S 3 Ostbahnhof/Ostkreuz – Friedrichshagen. S-Bahn S 5 Zoo/Ostkreuz – Hoppegarten – Neuenhagen – Strausberg.
Gehzeit: 3 Std. (12 km) einfache Strecke.
Charakter: Vom Naturbild her idyllische Wiesental- und Waldwanderung auf Wegen, zum Teil schmale Pfade und sandige Waldwege.
Einkehr: Friedrichshagen, Dahlwitz-Hoppegarten, Neuenhagen.
Karte: Kompass Nr. 746.

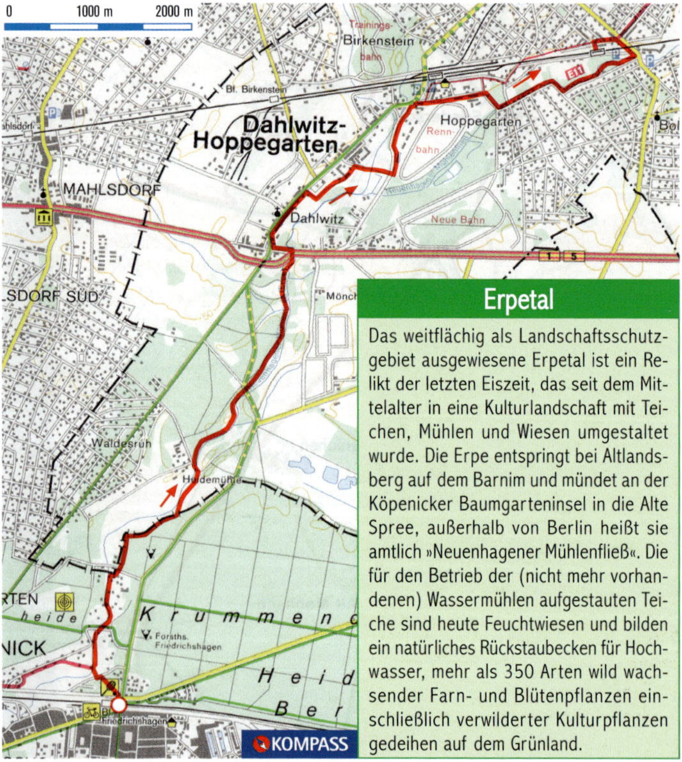

Erpetal

Das weitflächig als Landschaftsschutzgebiet ausgewiesene Erpetal ist ein Relikt der letzten Eiszeit, das seit dem Mittelalter in eine Kulturlandschaft mit Teichen, Mühlen und Wiesen umgestaltet wurde. Die Erpe entspringt bei Altlandsberg auf dem Barnim und mündet an der Köpenicker Baumgarteninsel in die Alte Spree, außerhalb von Berlin heißt sie amtlich »Neuenhagener Mühlenfließ«. Die für den Betrieb der (nicht mehr vorhandenen) Wassermühlen aufgestauten Teiche sind heute Feuchtwiesen und bilden ein natürliches Rückstaubecken für Hochwasser, mehr als 350 Arten wild wachsender Farn- und Blütenpflanzen einschließlich verwilderter Kulturpflanzen gedeihen auf dem Grünland.

Friedrichshagen, Wasserwerk.

Vom Friedrichshagener Kurpark führt der E 11 durch die Wiesen und Wälder des Erpetals zur Galopprennbahn Hoppegarten und in die Gartenstadt Neuenhagen.

Aus dem **S-Bhf. Friedrichshagen** an die Straßenunterführung tretend, wenden wir uns links und gehen halb links in den **Kurpark** hinein, wo wir an einem Gedenkstein den »Rotstrich« des Erpetalwegs entdecken. Am Asphaltweg hinter dem Kurpark geht es kurz links, dann rechts durch die Siedlung zur Erpe und am Ostufer des Bachs auf einem gelegentlich feuchten Wiesenweg in kaum merklichem Anstieg talaufwärts. Nach Passieren der Kleingartenanlage **Wiesengrund** und der ehemaligen Ravensteiner Mühle (Pflegeheim) wenden wir uns in die Mühlenstraße und gleich links in die Erpestraße und wandern durch schönen Laubwald und durch das Landschaftsschutzgebiet Erpetal an der Grenze zwischen Berlin und Brandenburg. An der **Heidemühle** überqueren wir die Erpe und folgen kurz der Straße, bis die Rotstrich-Markierung rechts in den **Dahlwitzer Forst** mit seinem alten Baumbestand weist. Nach Queren der Friedrichshagener Chaussee geht es weiter auf Wald- und oft feuchten Wiesenwegen durch den **Elsengrund** entlang der nun meist unsichtbaren Erpe. Kurz nach Unterqueren der Bundesstraße endet der Weg an einer kleinen Straße, links durch einen Park gelangen wir in Dahlwitz gegenüber der Dorfkirche zur Rudolf-Breitscheid-Straße, der wir rechts folgen, bis das Hinweisschild »Rennbahn« rechts zeigt. An einem alten Friedhof vorbei geht es über den Zochegraben, dahinter links auf der Rennbahnallee, die am Eingang der traditionsreichen Galopprennbahn Hoppegarten vorbeiführt, am Ende rechts (Goetheallee).

Die erste links abzweigende Straße (Bahnhofstraße) führt zum S-Bhf. **Hoppegarten**, während wir am Ende der Goetheallee wieder das Neuenhagener Mühlenfließ erreichen. Durch die Grünstraße und den pfadartigen Liebermannweg geht es links zur Rosa-Luxemburg-Straße, dort links über die Gleise, und wir sind am **S-Bahnhof Neuenhagen**.

Friedrichshagen – Rahnsdorf – Berliner Forst

Auf dem Bölsche-Wanderweg

Ausgangspunkt: S-Bahnhof Friedrichshagen (Bezirk Treptow-Köpenick); Anfahrt auf der A 10 Berliner Ring Ost Ausfahrt Erkner, dann via Erkner weiter Richtung Berlin/Köpenick.
Bahn: S-Bahn S 3 Ostbahnhof/Ostkreuz – Friedrichshagen. S-Bahn S 5 Zoo/Ostkreuz – Hoppegarten – Neuenhagen – Strausberg.
Gehzeit: Gut 3 Std. (13 km) Rundwanderung.
Charakter: Interessante Stadt- und idyllische Seeuferwanderung mit Badestellen zuletzt.
Einkehr: Friedrichshagen, Dahlwitz-Hoppegarten, Neuenhagen.
Karte: Kompass Nr. 746.

Friedrichshagener Bohème

Benannt sind die Bölschestraße und der Bölschewanderweg nach dem Schriftsteller Wilhelm Bölsche (1861–1939), einer führenden Persönlichkeit des Friedrichshagener Dichterkreises, der den damaligen Kurort Friedrichshagen ab 1890 zur »Literaturhauptstadt Deutschlands« werden ließ. Bohèmehafter Lebensstil, sozialistische Ideen, gutes Einkommen und soziales Engagement – am Müggelsee wurden Arbeiterfeten mit über 20.000 Teilnehmern veranstaltet – prägten diesen Kreis, dessen führende Köpfe die Schriftsteller Bruno Wille (lebte 1890–1920 in Friedrichshagen), Wilhelm Bölsche (1890–1918 in Friedrichshagen), Julius Hart (1890–95) u. a. waren. Zu den Gästen zählten neben vielen anderen August Strindberg (1892) und Else Lasker-Schüler (lebte 1895–1933 in Berlin), die mit dem Orientalisten Friedrich Karl Andreas verheiratete Lou Andreas-Salomé traf hier ihre Geliebten Georg Ledebour (1892–94) und Rainer-Maria Rilke (1897–1901). Auch der Jugendstilmaler Walter Leistikow kam ab 1895 jeden Sommer nach Friedrichshagen, um die idyllische Landschaft zu genießen und zu malen. Im Antiquariat Brandel in der Scharnweberstr. 59 in Friedrichshain ist ein »Museum Friedrichshagener Dichterkreis« eingerichtet.

Der Bölsche-Wanderweg erschließt als reizvoller kulturhistorischer und Naturwanderweg das Stadt- und Waldgebiet von Friedrichshagen und Rahnsdorf im Norden des Müggelsees.

Aus dem denkmalgeschützten neugotischen Gebäude (1900) des **S-Bhf. Friedrichshagen** tretend, queren wir rechts an der Ampelkreuzung den Fürstenwalder Damm und folgen der **Bölsche**straße mit ihren Geschäften und Gastronomiebetrieben geradeaus bis zum Ende, dort links versetzt geradeaus weiter an der Brauerei **Berliner Bürgerbräu** vorbei durch die Josef-Nawrocki-Straße zum **Müggelpark**, wo sich unter alten Platanen ein schöner Blick über den **Müggelsee** bietet (Ausflugsschiffanlegestelle). Vom Aussichtspunkt kehren wir zurück zur Josef-Nawrocki-Straße und folgen ihr rechts zum Müggelseedamm, dem der mit »Grünstrich« markierte Wanderweg nun eine Weile folgt: vorbei am **Seebad Friedrichshagen**, an der **Müggelseeklause** (das Haus Nr. 254 an der Ecke Bruno-Wille-Straße war das Domizil Wilhelm Bölsches), an einem kleinen Park mit Rastbänken und Aussichtsplattform am Müggelsee und am **Museum im Wasserwerk**, wenig später wechselt der Wanderweg auf die autofreie Waldpromenade hoch über dem Steilufer des Müggelsees mit prachtvollem Blick auf die Müggelberge mit dem Müggelturm.

Vom Wanderweg gibt es mehrere Abstiege zu den Badestellen. Vor dem Zaun des **Jugenddorfs** wird der Wanderweg auf den Fuß- und Radweg neben dem Fürstenwalder Damm abgedrängt, erst hinter dem **Strandbad Müggelsee** geht es wieder in den Wald hinein und hinter der **Försterei Müggelsee** durch ein schönes Erlenbruchgebiet zum **Fredersdorfer Mühlenfließ** und hier links (rechts am Ende schöner Aussichtspunkt) zurück zum Fürstenwalder Damm an der Bushaltestelle **Waldschänke**. Hier überqueren wir das Fredersdorfer Mühlenfließ, folgen dem Grünstrich links weiter zum **Rahnsdorfer Rückhaltebecken**, einem Biotop im Fredersdorfer Mühlenfließ, und gelangen auf einem Waldweg zum **S-Bhf. Rahnsdorf**. Kurz nach Unterqueren der Bahnlinie geht es von der Alten Fischerstraße rechts ab auf einen Waldweg, der an der **Försterei Rahnsdorf** vorbeiführt.

Schließlich zeigt die Markierung links, und nach Queren des Alten Fischerwegs geht es auf einem schnurgeraden Weg durch den **Berliner Stadtforst**, zuletzt längs der Schöneicher Straße zurück zum **S-Bhf. Friedrichshagen**

Müggelsee.

Friedrichshagen – Müggelsee – Müggelheim

Von See zu See über die Müggelberge

Ausgangspunkt: S-Bahnhof Friedrichshagen (Bezirk Treptow-Köpenick); Anfahrt A 10 Berliner Ring Ost Ausfahrt Erkner, dann via Erkner weiter Richtung Berlin/Köpenick.
Bahn/Bus: S-Bahn S 3 Ostbahnhof/Ostkreuz – Friedrichshagen. Von Müggelheim fährt der Bus zurück nach Köpenick.

Gehzeit: Gut 3 Std. (13 km) einfache Strecke.
Charakter: Abwechslungsreiche Wald- und Aussichtswanderung.
Einkehr: Friedrichshagen, Rübezahl, Dorint Hotel, Müggelturm, Müggelheim.
Karte: Kompass Nr. 746.

Von Friedrichshagen führt diese Wanderung zum größten Berliner See und über die Müggelberge, wo der Müggelturm ein einmaliges Panorama der Wald- und Seenlandschaft im grünen Osten Berlins bietet. Aus dem denkmalgeschützten neugotischen Gebäude (1900) des **S-Bhs. Friedrichshagen** tretend, queren wir rechts an der Ampelkreuzung den Fürstenwalder Damm und folgen der **Bölschestraße** mit ihren Geschäften und Gastronomiebetrieben geradeaus bis zum Ende und gehen dort links versetzt geradeaus weiter an der Brauerei **Berliner Bürgerbräu** vorbei durch die Josef-Nawrocki-Straße zum **Müggelpark**, wo sich unter alten Platanen ein schöner Blick über den **Müggelsee** und auf die Müggelberge bietet (Ausflugsschiffsanlegestelle). Nach Unterqueren der Spree im **Spreetunnel** (1927) folgt der mit dem Zeichen »Gelbstrich« markierte Wanderweg dem bewaldeten Ufer des Sees an einer Badestelle vorbei zum Schiffsanleger **Rübezahl** und weiter zum Anleger **Dorint Hotel**. Hier gehen wir rechts zum Müggelheimer Damm, queren ihn an der Bushaltestelle »Müggelseeperle« und gehen geradeaus in den Kiefernmischwald. In sachtem Anstieg führt der sandige Weg in Richtung der Müggelberge, an der ersten Wegekreuzung – bei der kleinen Schutzhütte – zweigen wir rechts ab und folgen einem Naturlehrpfad durch ein Trockental hinab zur Raststelle am Forsthaus. Hier folgen wir der **Lehrkabinett**-Beschilderung geradeaus auf dem Lehrpfad am Rand des **Teufelsmoors** mit seinem Erlenbruchwald, Erlen-Grauweidenstreifen und Einblicken in Wollgrasflächen. Schließlich zweigen wir links auf den Bohlenweg längs des sagenumwobenen **Teufelssees** ab; der Blick fällt hinauf zum Müggelturm. Am Ende des Bohlenwegs gehen wir rechts, bis links die Stufenanlage zum **Müggelturm** abzweigt.

Vom Biergarten unterhalb des Müggelturms steigen wir die Stufen Richtung »Marienlust« hinab, gehen unten geradeaus bis zum ehem. Schiffsanleger **Marienlust** am **Langen See** und folgen dem Ufer links unter zum Teil uralten Eichen. Bald darauf passieren wir einen FKK-Badestrand mit Wiese, auch im weiteren Verlauf finden sich immer wieder Badestellen, auf der **Hirtenwiese** befand sich früher ein Campingplatz. Die auf den Karten eingezeichnete **Krampenburg**, ein Ausflugslokal in Topaussichtslage am Schnittpunkt zahlreicher Wasserwege ist leider eine Ruine, sodass wir beim Campingplatz **Kuhle Wampe** gleich links abbiegen und nach kurzem Gang auf der Zufahrt rechts auf den **Grottewitzwanderweg** (»Grünstrich«) längs der **Großen Krampe** abzweigen. Schließlich erreichen wir **Müggelheim**, folgen dem Hallgarter Steig links und dem Krampenburgerweg rechts und gelangen zur Busschleife in **Alt-Müggelheim**.

Müggelsee und Müggelberge

Der Große Müggelsee im grünen Osten Berlins ist mit einer Wasserfläche von 7,3 km² der größte See und einer der bedeutendsten Wassersport- und Badeseen der Bundeshauptstadt. Eichen- und Buchenwälder säumen im Westen und Süden – in der Nähe eines heutigen Vier-Sterne-Hotels bestand hier in den 1920er Jahren der legendäre Arbeiterzeltplatz »Kuhle Wampe« – den bis zu 8 m tiefen, von der Spree durchflossenen See, der ein Gletscherzungenbecken im Warschau-Berliner Urstromtal füllt. Auf seiner Südseite erheben sich die waldbedeckten Moränen der bis zu 115 m hohen Müggelberge mit dem »Müggelturm«, der ein prachtvolles Panorama des Müggelands mit seinen Wäldern und Seen gewährt. Der 29,61 m hohe Müggelturm auf dem mittleren (88 m) der bis zu 115 m hohen Müggelberge wurde 1961 in Stahlskelettbauweise erbaut (1996 grundlegend saniert), nachdem der 1889 im Stil einer chinesischen Pagode errichtete Holzturm einem Brand zum Opfer gefallen war.

Erkner – Woltersdorfer Schleuse

Vom Löcknitztal über die Kranichsberge

Ausgangspunkt: Regional- und S-Bahnhof Erkner; wer mit dem Auto anreist, kann beim Fremdenverkehrsamt bei der Gaststätte »Löcknitzidyll« parken. Anfahrt auf der A 10 Berliner Ring Ost Ausfahrt Erkner.
Bahn: S-Bahn S 3 Ostbahnhof/Ostkreuz – Köpenick – Erkner.
Gehzeit: 2½ Std. (10 Km) Rundwanderung.
Charakter: Abwechslungsreiche Bachtal-, »Berg-« und Waldwanderung.
Einkehr: Zahlreiche Einkehrmöglichkeiten außerhalb der Kranichsberge.
Karte: Kompass Nr. 746.

Der idyllische Wupatzsee im Löcknitztal, der großartige Rundblick vom Aussichtsturm auf den Kranichsbergen und die Woltersdorfer Schleuse zählen zu den Höhepunkten dieser abwechslungsreichen Wanderung vor den Toren Berlins.

Am Regional- und S-**Bahnhof Erkner** gehen wir am Busbahnhof vorbei ein kurzes Stück durch die Julius-Rütgers-Straße, überqueren auf der Stegbrücke das **Flakenfließ**, die Verbindung zwischen Flaken- und Dämeritzsee, wenden uns dahinter rechts (Flakenstraße)

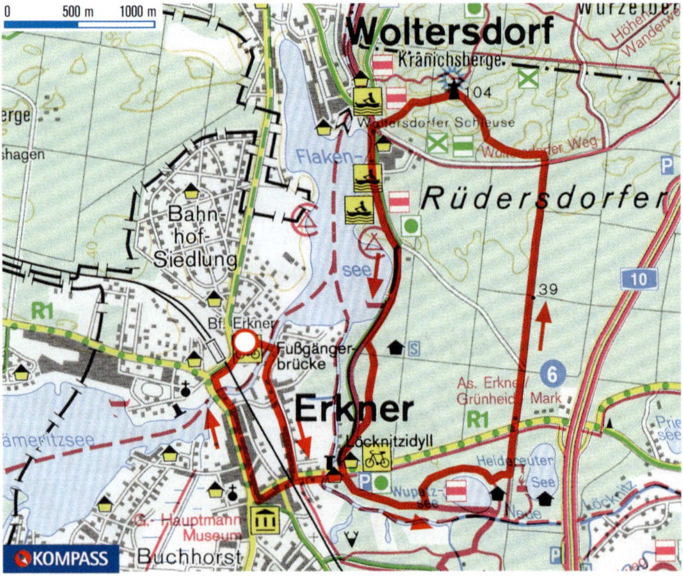

Flakensee und Kranichsberge.

und gelangen durch die Breitscheidstraße zur Fürstenwalder Straße, auf der wir links die Löcknitz überqueren und an der Gaststätte **Löcknitzidyll** auf den Knotenpunkt aller Wanderwege von Erkner stoßen. Hier folgen wir dem Leistikowweg (Blaupunkt- und Naturlehrpfad-Markierung) südwärts in den Wald und gelangen auf einem schönen Pfad längs der Löcknitz den von einem Schilfgürtel und Erlen umgebenen **Wupatzsee**, einem wichtigen Laichgewässer. Während 66-Seen-Weg und Naturlehrpfad dem See zum Leistikowsteg weiterfolgen, biegen wir halb links zum Heidereutersee ab und vor diesem wiederum links, queren die Straße und folgen der Beschilderung durch die Wälder der **Kranichsberge** zum **Aussichtsturm**; der imposante Rundblick umfasst das seen- und waldreiche Müggel-Spree-Land und reicht an klaren Tagen bis zum Fernsehturm am Alexanderplatz. Eine Ausstellung im Turm erinnert an den Filmdrehort Woltersdorf zu Ufa-Zeiten.

Durch Mischwald geht es nun hinab zur **Liebesquelle**, einer Hangquelle, deren Wasser besondere Kräfte innewohnen sollen. Die gegenüberliegende Gaststätte gleichen Namens bietet deftige märkische Küche. Vorbei an der **Woltersdorfer Schleuse** geht es durch die Fangschleusenstaße und auf der Uferpromenade zurück zum **Löcknitzidyll**. Wer zum Bahnhof muss, folgt der Fürstenwalder Straße ortseinwärts (dort links das **Gerhart-Hauptmann-Museum**), zweigt rechts in die Friedrichstraße ab und gelangt am Bootsanleger des **Dämeritzsees** vorbei zurück zum Bahnhof.

Alt Buchhorst – Neu Finkenstein – Sprudel

Rund um den Möllensee

Ausgangspunkt: Parkplatz und Bushaltestelle am Abzweig Alt Buchhorster Straße in Alt Buchhorst (Gemeinde Grünheide/Mark). Anfahrt auf der A 10 Berliner Ring Ost Ausfahrt Erkner und weiter nach Grünheide.
Bus: Erkner – Grünheide – Alt Buchhorst.
Gehzeit: 2 Std. (7 Km) Rundwanderung.
Charakter: Waldwanderung auf teils schmalen Pfaden.
Einkehr: Alt Buchhorst, Finkenstein.
Karte: Kompass Nr. 746.

Der Möllensee ist mit 74,2 ha der größte der Grünheider Seen. Er ist einer der wenigen Seen der Region, deren Ufer noch fast vollständig begehbar sind.

In **Alt Buchhorst** biegen wir von der Durchgangsstraße ortseinwärts in die Alt Buchhorster Straße ab und gleich links in die Burgwallstraße, deren Name an eine bronzezeitliche Befestigungsanlage der Illyrer. Am Ende der Burgwallstraße führt ein Waldweg zum Hochufer des **Möllensees**; die bekannteste von mehreren Hangquellen dort ist die **Spiegelquelle**, die Forstrat Spiegel 1912 fassen ließ. Wenig später erreicht der Wanderweg einen Zeltplatz, an dem Bademöglichkeit besteht. Dahinter geht es weiter am quellenreichen Hochufer zur Möllensee-Halbinsel und

Grünheider Seen

Die Seenkette in der eiszeitlichen Schmelzwasserrinne zwischen dem Dämeritzsee in Erkner und dem Rotem Luch ist ein beliebtes Ausflugs-, Bade- und Campinggebiet in der Grünheide südöstlich von Berlin. Unsere Wanderung führt rund um den Möllensee, den mit 74,24 ha größten dieser Seen, zu denen auch Bauern-, Baberow-, Elsen-, Preetz- und Werlsee gehören. Alle diese Seen sind durch vertorfte Talabschnitte getrennt oder durch kurze Kanalstrecken miteinander verbunden.

Teichrose am Möllensee.

auf einem schmalen Waldpfad bis zur Nordostbucht. Buschwerk und Bäume reichen fast überall bis ans Ufer. An der Nordostbucht geht es auf dem »Weg zur Erholung« kurz südwärts, dann rechts auf dem Finkensteiner Weg durch die kleine, schon auf dem Gebiet der Gemeinde Kagel gelegene Datschasiedlung **Neu Finkenstein**, hinter der ein Waldweg am ehemaligen Torfstich Kaper Luch vorbei bis zur Holzbrücke (»Kiesbrücke«) über den **Kieskanal** führt, wo eine Schutzhütte zur Rast lädt.

Der Kanal wurde vor dem Ersten Weltkrieg ausgebaggert, um einen Abtransport der reichen Kiesvorkommen zu ermöglichen; er beginnt am **Kiessee**, an dem sich im Bereich des Kageler Campingplatzes eine Badestelle befindet, die gegen Gebühr auch von Nichtcampern genutzt werden kann.

Hinter der Kiesbrücke wandern wir rechts zurück zum **Möllensee** und folgen seinem Ufer links. Hinter dem Zeltplatz **Mölle-Süd-Camp** fallen einige alte Gebäude auf, der sog. **Sprudel**: Hier wurde bis zum Jahre 1937 das Mineralwasser »Grünheider Marksprudel« produziert.

Am Ende des Möllensees gehen wir längs des Verbindungskanals zwischen Möllen- und Peetzsee zur Alt-Buchhorster Kanalbrücke. Hier wenden wir uns rechts, kommen an der Ausflugsschiffanlegestelle am Peetzsee vorbei und kehren zurück zum Ausgangspunkt in **Alt Buchhorst**.

Fangschleuse – Klein Wall – Kienbaum

Durch das Löcknitztal

Ausgangspunkt: Regionalbahnhof Fangschleuse in Grünheide (Mark). Anfahrt auf der A 10 Berliner Ring Ost Ausfahrt Erkner und weiter nach Grünheide.
Bahn/Bus: Regionalbahnlinie Brandenburg – Potsdam – Berlin – Erkner – Fangschleuse – Hangelsberg – Fürstenwalde. Von Kienbaum fährt der Bus zurück nach Grünheide.
Gehzeit: Gut 3 Std. (12 Km) einfache Strecke.
Charakter: Waldwanderung auf zum Teil sandigen Wegen.
Einkehr: Klein Wall, Kienbaum.
Karte: Kompass Nr. 746.

Das Löcknitztal in der Grünheide zählt zu den schönsten Wander-, Angel- und Wasserwandertälern im Osten Berlins.
Vom **Bahnhof Fangschleuse** folgen wir der Landstraße zwei Minuten nordwärts und biegen beim Denkmal hinter der Löcknitzbrücke rechts auf den Wanderpfad durch die Wälder des Löcknitztals ab. Wo das Flüsschen bei der **Fontanekiefer**

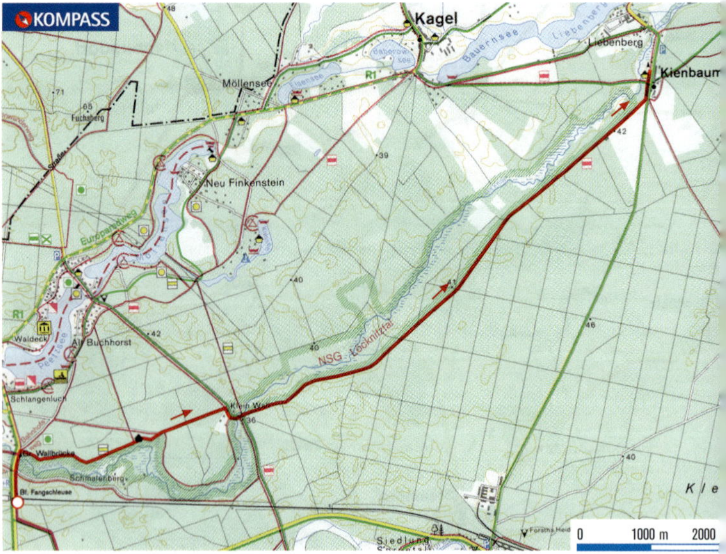

Fangschleuse: Blick auf Löcknitz.

scharf rechts schwingt, wechselt die Markierung geradeaus auf einen sandigen Forstweg, der zur Waldsiedlung **Klein Wall** führt; hier gibt es ein Schullandheim und eine **Forellenanlage**, deren »Anglerklause« Fischgerichte serviert. Hinter der Siedlung verzweigen sich die Wege: Während der 66-Seen-Weg weiter Richtung Hangelsberg führt, bleibt unser Weg im bewaldeten Hang über dem Löcknitztal. Wermutstropfen: den Forstweg begleitet eine Ölleitung. Schließlich spitzt die Dorfkirche von **Kienbaum** aus den Wäldern, und wir haben das Etappenziel erreicht.

Löcknitztal

Die Löcknitz mäandriert zwischen Grünheide-Kienbaum und Erkner durch ein Tal, dessen Wiesen seit einem halben Jahrhundert nicht mehr landwirtschaftlich genutzt werden. In dem bis zu 100 m breiten Tal haben sich ausgedehnte Niedermoore gebildet, hier finden sich Bruch- und Auwaldreste, großflächige Röhrichtbestände, Uferabbrüche, Sandbänke sowie Prall- und Gleithänge. In diesem Biotopverbund hat eine reiche Flora und Fauna einen Lebensraum gefunden: Wiesenorchideen und Sonnentau sind hier ebenso heimisch wie Sumpfschildkröte und Eisvogel, auch für die Wanderungen des Fischotters stellt die Löcknitz ein wichtiges Verbindungsgewässer dar. Das dichte Blätterdach über der Löcknitz und das bis an die Ufer reichende Buschwerk vermitteln einen Hauch von Regenwald direkt vor den Toren Berlins.

Hangelsberg – Fürstenwalde

Durch das grüne Spreetal

Ausgangspunkt: Regionalbahnhof Hangelsberg in Hangelsberg (Grünheide/ Mark). Anfahrt auf der A 10 Berliner Ring Ost Ausfahrt Erkner und weiter über Grünheide nach Hangelsberg.
Bahn: Regionalbahnlinie Brandenburg – Potsdam – Berlin – Erkner – Fangschleuse – Hangelsberg – Fürstenwalde.
Gehzeit: 3 Std. (11 Km) einfache Strecke.
Charakter: Wald- und Wiesenwanderung auf zum Teil schmalen Pfaden.
Einkehr: Hangelsberg, Fürstenwalde.
Karte: Kompass Nr. 746.

Von Hangelsberg führt der 66-Seen-Weg durch die Wiesen und Wälder des idyllischen Spreetals in die Domstadt Fürstenwalde. Aus dem **Bahnhof** des Kirchdorfs **Hangelsberg**, einem beliebten Ausflugsort vor den Toren Berlins, tretend wenden wir uns links und folgen der Blaupunkt-Markierung des 66-Seen-Wegs über die Hauptstraße und die Straße »Waldhaus« sowie auf einem unbefestigten Weg zum Spreeufer.

Teils auf Uferpfaden, teils auf Wegen, vorübergehend auch auf einem asphaltierten Radweg geht es weiter längs des windungsreichen Flusses, den Erlen, Weiden und Schilfgürtel säumen. Auf dem Wasser fühlen sich Schwäne und Enten heimisch, auch der Otter soll hier wieder gesichtet worden sein.

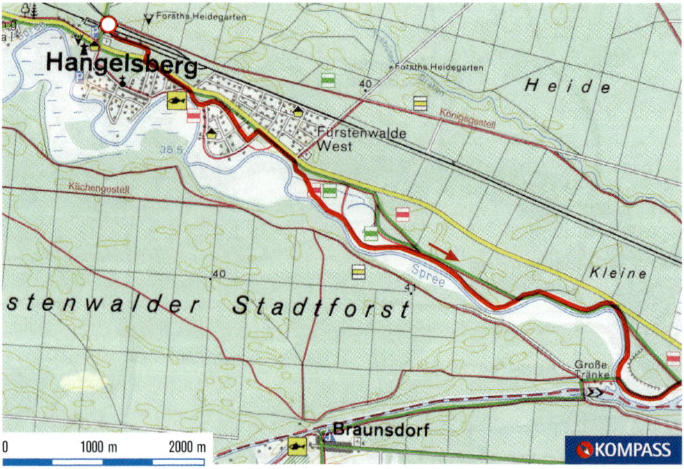

Fürstenwalde, Dom.

Nach dem Unterqueren einer Hochspannungsleitung geht es rechts weiter am Ufer zum **Stauwehr** bei der **Schleuse Große Tränke**.
Gegenüber zweigt der **Oder-Spree-Kanal** ab. Zwar ist die Spree nun kanalisiert, doch der Wanderweg bleibt nördlich des Kanals an den Altarmen. Schließlich mündet er erneut auf einen asphaltierten Radweg, und auf diesem geht es unter uralten Eichen nach **Fürstenwalde**. Dort werden wir am Anfang des Stadtgebiets auf die Hauptstraße geleitet, queren sie und gelangen in den **Stadtpark**, in dem wir rechts bis zur Karl-Marx-Straße gehen; letztere führt links zum Bahnhof.

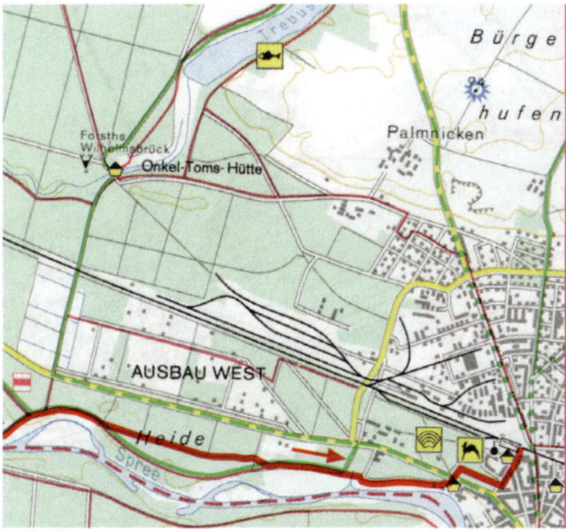

Fürstenwalde: Domstadt an der Spree

Fürstenwalde an der Spree ist die dritte märkische Domstadt neben Havelberg und Brandenburg. Der spätgotische Mariendom wurde ab 1373 als Hauptkirche des 1555 aufgehobenen Bistums Lebus errichtet und ist das Wahrzeichen der Stadt. Das spätgotische Alte Rathaus (um 1500) am Marktplatz beherbergt heute u. a. eine Kunstgalerie. Im »Bürgerhaus« zwischen Rathaus und Dom ist das Stadtmuseum untergebracht.

Müncheberg – Waldsieversdorf – Buckow

Museumsbahnwanderung ins Herz der Märk. Schweiz

Ausgangspunkt: Bahnhof Müncheberg in Müncheberg-Dahmsdorf. Anfahrt auf der A 10 Berliner Ring Ost Ausfahrt Hellersdorf, weiter auf der B 1/B 5 nach Müncheberg.
Bahn: Müncheberg liegt an der stündlich verkehrenden Regionalbahnlinie Berlin – Küstrin/Kostrzyn (PL).

Gehzeit: 2 Std. (8 km) einfache Strecke bis Buckow.
Charakter: Bequeme Waldwanderung, nur die Abstecher folgen zum Teil wurzeligen Pfaden.
Einkehr: Waldsieversdorf, Buckow.
Karte: Kompass Nr. 746.

Der parallel zur Buckower Kleinbahn auf dem ehemaligen Schmalspurbahndamm verlaufende Rad- und Wanderweg lässt sich an Wochenenden und Feiertagen mit einer Fahrt mit der Museumseisenbahn kombinieren. Da die Strecke recht kurz ist – nur 5 km –, bleibt

genügend Zeit, einige reizvolle Abstecher vom Bahnwanderweg aus zu unternehmen. Geradezu prädestiniert für Abstecher sind der Naturlehrpfad am Papillensee und das Freibad am Großen Däbersee sowie der aussichtsreiche Luisenberg.

Aus dem Bahnhof **Müncheberg** tretend, wenden wir uns links (»Am Bahnhof«), folgen der Dahmsdorfer Straße über die Eisenbahn und befinden uns wenig später auf dem alten Schmalspurbahndamm, der der »neuen« E-Trasse in den Wald hineinfolgt. Bald nachdem ein Grünpunkt-Wanderweg (Richtung Kesselsee) kreuzt, zweigt links der Naturlehrpfad zum **Papillensee** ab. Er nimmt wenig später den vom Kesselsee herüberführenden Grünpunkt-Weg auf und führt am idyllischen **Kleinen Däbersee** entlang. An der nächsten Verzweigung verlassen wir den sich links wendenden Naturlehrpfad und folgen dem Grünpunkt im Wald ge-

Müncheberg, Küstriner Tor.

radeaus, bis der Gelbpunkt-Wanderweg kreuzt. Auf letzterem geht es am Ufer des **Großen Däbersees** entlang zum Freibad am Ostufer beim **Museumsbahnhof Waldsieversdorf**. Der bewaldete Höhenzug zwischen Kleinem und Großem Däbersee bietet schöne Ausblicke auf die Villen von Waldsieversdorf mit dem zinnenbekrönten Wasserturm und die umgebende Wald- und Seenlandschaft. Die **Schwedenschanze** ist eine alte Wallanlage, die bis ins Mittelalter den Siedlern als Zufluchtsort diente. Zu den prominentesten Sommerfrischlern in dem exklusiven Waldsieversdorf zählte der sozialistische Fotomonteur John Heartfield, der hier in seinem Ferienanwesen von 1953 bis zu seinem Tod 1968 die Sommermonate verbrachte; im Jahre 2004 eröffnete die brandenburgische Kultusministerin in Waldsieversdorf eine Ausstellung mit Werken des Fotomontagekünstlers.

Am Bahnhof schwenken wir wieder auf den Bahnwanderweg ein und folgen ihm durch den Wald bis zur Kreuzung mit dem Forstweg **Alte Berliner Straße**.

Während der Bahnwanderweg geradeaus bis zum Eisenbahnmuseum im Bahnhof Buckow führt, bildet der Grünstrich-Wanderweg an Tagen mit klarer Sicht eine reizvolle Alternative: Kurz auf der Alten Berliner Straße in Richtung »Frühstückseiche«, dann links am **Schwarzen See** vorbei und durch die Wälder hinauf auf den **Luisenberg**, wo sich ein eindrucksvolles Panorama von Buckow und der umgebenden Seen und bewaldeten Hügel bietet. Vom Luisenberg führt eine Stufenanlage durch den Steilhang hinab zur Neuen Promenade: Links liegt der **Bhf. Buckow** mit dem **Eisenbahnmuseum**.

Klobichsee

Schönster Naturschutzsee der Märkischen Schweiz

Ausgangspunkt: Fremdenverkehrsamt in Buckow an der Wrietzener Straße 1 unmittelbar neben dem Marktplatz und der Kirche. Anfahrt auf der A 10 Berliner Ring Ost Ausfahrt Hellersdorf, weiter auf der B 1/B 5 Richtung Müncheberg, dort abzweigen nach Buckow.

Bus/Bahn: Buslinie Strausberg Bhf. – Buckow. Museumsbahn Müncheberg – Buckow. **Gehzeit:** Gut 4 Std. (16 km) Rundwanderung. **Charakter:** Waldwanderung auf meist bequemen Wegen, teils auch auf Pfaden. **Einkehr:** Buckow, Camping Klobichsee. **Karte:** Kompass Nr. 746.

Die Wandertour rund um den Klobichsee erschließt das landschaftlich schönste Seen-Naturschutzgebiet im Herzen der Märkischen Schweiz.

Aus dem **Fremdenverkehrsamt Buckow** am Rand des Schlossparks tretend, gehen wir links zur evangelischen Kirche und dahinter kurz die Königstraße aufwärts bis zur Abzweigung der Lindenstraße. Hier zeigen die Wanderschilder rechts hinauf in Richtung Luisenberg (»Grünstrich«) und Langer Grund/Frühstückseiche (»Rotstrich«). Während der Rotstrich-Wanderweg auf kürzerem Weg durch den Langen Grund zur Frühstückseiche führt, ist bei guter Sicht der unwesentlich längere Grünstrich-Weg über den aussichtsreichen **Luisenberg** (77 m) zu empfehlen.

Diese Moränenkuppe bietet ein exzellentes Panorama der Märkischen Schweiz. Vom Luisenberg führt der Weg durch die Wälder hinab zum **Schwarzen See** und mündet in der Nähe der Museumsbahnlinie auf die Alte Berliner Straße. Dieser Forstweg führt links am Naturdenkmal **Rotbuche** vorbei zur ebenfalls als Naturdenkmal unter Schutz stehenden **Frühstückseiche**. Die 26 m hohe Frühstückseiche ist eine rund 350 Jahre alte Stieleiche, die einen Stammumfang von 4,4 m erreicht. Hier soll der preußische Kronprinz Friedrich (der Große) gefrühstückt haben, als

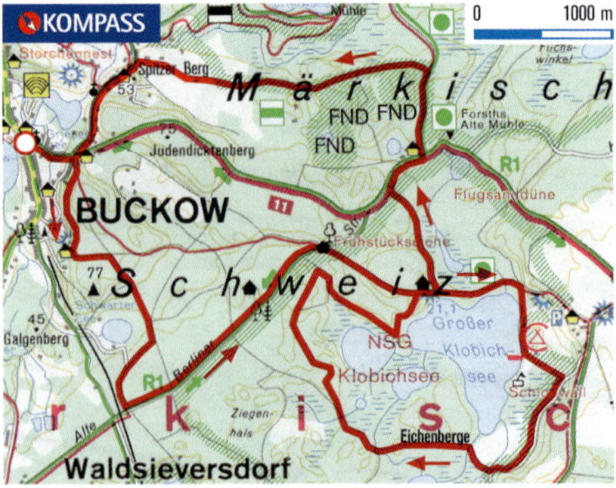

Buckow.

er sich auf dem Weg in die Festungshaft nach Küstrin befand. An der Frühstückseiche verlassen wir die Alte Berliner Straße und wandern rechts zur Schutzhütte am Nordufer des **Großen Klobichsees**. Hier bietet sich ein eindrucksvoller Blick auf den unter Naturschutz stehenden See.

Von der Schutzhütte folgen wir dem »Rundwanderweg Großer Klobichsee« (Markierung Gelbpunkt) im Uhrzeigersinn rund um den See. An der Verzweigung kurz nach Überqueren des **Mühlenfließ** lohnt bei klarer Sicht der kurze Abstecher geradeaus (Richtung Münchehofe) zum **Schau ins Land**, einer Moränenkuppe mit sehr schönem Blick auf den buchtenreichen See und die umgebenden Waldhügel.

Der Seerundweg führt weiter zur Badestelle beim Campingplatz, schwingt hier kurz landeinwärts auf einem Fahrweg und verlässt ihn wieder bei den Datschen im Süden des Sees. Zwischen den **Eichbergen** und dem **Kleinen Klobichsee** führt der Pfad nun windungsreich durch das Moorgebiet **Mückenwinkel** und erreicht zuletzt wieder die Verzweigung an der Schutzhütte am Nordufer. Von hier führt ein grün markierter Weg links weiter zur Naturschutzstation **Drei Eichen**. Drei Eichen ist ein Besucherzentrum für Natur- und Umwelterziehung.

Programm: Erlebnispaket »Jahreskreisfest mit Schwitzhütte«, »Kinderferienlager Indianersommer«, Geländespiele, Schalenbrennen usw. Im Zentrum können Gruppen, Schulklassen und Urlauber zu fairen Preisen übernachten.

Weiter geht es Richtung »Pritzhagener Mühle«, doch schon vor Erreichen dieses Ausflugsrestaurants zweigen wir links ab und gelangen auf einem ebenfalls grün markierten Waldweg (Fontaneweg) zurück nach Buckow: Der Fontaneweg erreicht beim Spitzen Berg die Bebauung, dort kann man links durch die Lindenstraße zurückgehen oder durch den Schlosspark.

Buckow – Pritzhagener Mühle – Neuhardenberg

Duch das Stobbertal zu einem der schönsten Schlösser der Mark

Ausgangspunkt: Bushaltestelle Strandbad Schermützelsee in Buckow; der ausgeschilderte Parkplatz befindet sich in unmittelbarer Nähe am Weinbergsweg an der Schule. Anfahrt A 10 Berliner Ring Ost Ausfahrt Hellersdorf, weiter auf der B 1/B 5 Richtung Müncheberg, dort abzweigen nach Buckow.
Bus: Buslinie Strausberg Bahnhof – Buckow. Museumsbahn Müncheberg – Buckow. Neuhardenberg wird von mehreren Buslinien angefahren, z. B. Strausberg – Neuhardenberg – Müncheberg. Während des Sommerfahrplans von Mai bis September verkehrt die Bus-Ausflugslinie Märkische Schweiz der Strausberger Verkehrsgesellschaft sonnabends, sonn- und feiertags vom Bahnhof Müncheberg über Buckow nach Neuhardenberg und zurück mit Halt am Bhf.Trebnitz.
Gehzeit: 4 Std. (16 km) einfache Strecke.
Charakter: Waldwanderung auf meist bequemen Wegen.
Einkehr: Buckow, Pritzhagener Mühle, Neuhardenberg.
Karte: Kompass Nr. 746.

Durch das Stobbertal, eines der naturschönsten Täler rund um Berlin, wandern wir zur Lapnower Mühle und zum Schloss Neuhardenberg. Die Route ist prinzipiell identisch mit dem Verlauf des Europäischen Fernwanderwegs E 11. An der Bushaltestelle **Strandbad Schermützelsee** zum See gewendet, gehen wir kurz rechts auf der Wriezener Straße, bis diverse Markierungen die erste Straße rechts hinauf zeigen. Dort gehen wir am Wanderparkplatz unterhalb der Schule vorbei durch die Weinbergstraße, von der nach wenigen Minuten der für den öffentlichen Verkehr gesperrte Hopfenweg links zur **Güntherquelle** abzweigt. Hier, am **Infozentrum der Naturparkverwaltung Märki-**

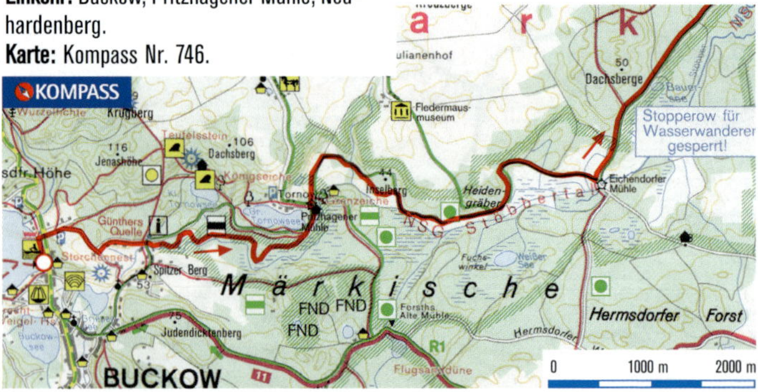

Die Wurzelfichte am Sophienfließ ist ein Wahrzeichen von Buckow.

sche Schweiz, beginnt der wunderschöne Weg durch das unter Naturschutz stehende **Stobbertal**. An der Verzweigung (Wanderwege-Übersichtstafel) beim **Großen Tornowsee** sehen wir links auf dem herabführenden Fahrweg den Blaustrich des E 11, gehen auf dem Fahrweg kurz rechts weiter, bis rechts die **Pritzhagener Mühle** angezeigt ist. Von diesem idyllisch am Mühlteich gelegenen Ausflugslokal wandern wir durch das Stobbertal zur **Eichendorfer Mühle** (Diakonie). Hier besteht die Möglichkeit, mit dem »Grünpunkt« via Münchehofe nach Buckow zurückzuwandern. Auf breitem Weg geht es von der Eichendorfer Mühle im Stobbertal weiter sacht abwärts, am kleinen Parkplatz gehen wir am Beginn des Pflasterwegs rechts hinüber am Forellenzuchtbetrieb der **Lapnower Mühle** vorbei, überqueren den Stobber und folgen dem »Blaustrich« eine Zeitlang auf dem Fahrweg durch den Wald, bis nach ca. 15 Min. ab Lapnower Mühle links Neuhardenberg ausgeschildert ist. An der Verzweigung beim **Strafsee** geht es rechts weiter nach **Neuhardenberg** (siehe Einführung Seite 17f.).

Altfriedland – Klostersee – Lettinsee

Altfriedländer Vogelteiche

Ausgangspunkt: Neuhardenberg-Altfriedland; der Parkplatz liegt außerhalb des Dorfs an der B 167.
Anfahrt auf der A 10 Berliner Ring Ost Ausfahrt Hellersdorf, weiter auf der B 1 über Müncheberg nach Jahnsfelde, dort abzweigen nach Trebnitz und Neuhardenberg.
Gehzeit: 2½ Std. (9 km) Rundwanderung.
Charakter: Wald- und Wiesenwanderung auf zum Teil sandigen Wegen.
Einkehr: Altfriedland.
Karte: Kompass Nr. 746.

Vom idyllischen Klosterdorf Altfriedland führt diese Tour durch das Europäische Vogelschutzgebiet der Altfriedländer Teiche.
Vom Parkplatz an der Bundesstraße führt der Wanderweg im Südbuchtbereich des **Klostersees** ein Stück durch den ehem. **Gutspark** und wendet sich am ehem. Gutshaus rechts zur Straße, der wir ins historische Ortszentrum von **Altfriedland** folgen. Wie auf einer Landzunge liegt das winzige Kirchdorf zwischen Klostersee und Kietzer Teich im Nordosten des Naturparks Märkische Schweiz. Um 1230 gründeten Zisterzienserinnen in diesem idyllischen »Friedensland« an der Stobber ein Kloster, das sich zu einem Wirtschafts- und Kulturzentrum im Grenzbereich von Brandenburg, Pommern und Polen entwickelte. Vom 1546 aufgehobenen Kloster zeugen noch einige Ruinen sowie die ehemalige Klosterkirche Sanctae Mariae, ein Feldsteinbau, der heute als lutherische Dorfkirche fungiert. Neben der Kirche und den Ruinen finden sich im historischen Ortskern das Pfarrhaus (1633), das derzeit ungenutzte Gebäude einer Gutsanlage (soll Hotel werden), der Gutspark, das Museum »Langes Haus« in einer ehem. Landarbeiterkate und das Ghs. »Zur Wende« sowie altehrwürdige Eichen, Ahorne, Kastanien und Linden,

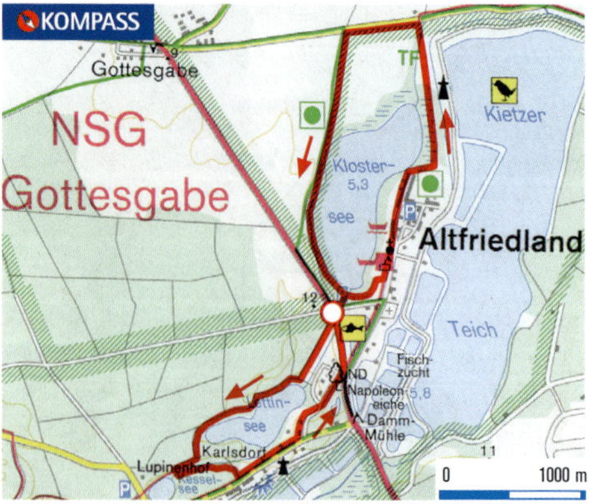

Grünland und Wälder umgeben die Vogelteiche.

darunter die »Nonneneiche«. Unter der »Napoleoneiche« soll der Kaiser der Franzosen 1812 auf seinem Feldzug gegen Russland gefrühstückt haben.

Vom Ortszentrum leitet die Klosterstraße ortsauswärts zum **Bäckersteig** über den Stobber. Zwischen dem Flüsschen und dem Erlenbruchwald bietet eine Beobachtungskanzel einen guten Blick auf das Vogelschutzgebiet **Kietzer See**. Vorbei an einem alten Torfstich erreichen wir die Landstraße und folgen ihr kurz links via Gottesgabe. Rechts eröffnet sich der Blick ins Oderbruch, vor uns in der Ferne liegen die Höhen des Barnim. Nach 600 m biegen wir links auf den Feldweg am Westufer des Klostersees ab. Auf dem **Drehberg** ein herrlicher Blick über den See. Zurück am Parkplatz an der B 167 queren wir die Bundesstraße und folgen dem **Siebgraben** zum **Lettinsee** (16 ha). Der Uferweg erreicht bald eine Waldwegkreuzung, hier links und nach 200 m rechts weiter zum **Kesselsee** (ca. 3,5 ha). Wer einen weiteren See umrunden will, gelangt nach Queren der Straße zum **Dolgensee**.

Die **Altfriedländer Teiche** sind als Paradies unter Anglern ebenso bekannt wie unter Vogelkundlern, die 250 ha große Seen- und Teichelandschaft ist als Europäisches Vogelschutzgebiet ausgewiesen. Sie ist Nahrungsrevier für Weiß- und Schwarzstörche, See- und Fischadler, hier brüten Reiher- und Tafelente, Flussseeschwalbe und Beutelmeise, Graugans, Lach- und Silbermöwe und Eisvogel, alljährlich ist das Gebiet Rastplatz für ca. 7000 Gänse auf ihrem Weg zu den Winter- bzw. Sommerquartieren. Die extensive Teichewirtschaft hat in der Gegend eine lange Tradition, in seiner heutigen Form entstand das Gewässergebiet, als 1965–72 ein riesiger Niedermoorkomplex vernichtet und stattdessen 19 Teiche zum Zweck großindustriell-intensiver LPG-Fischzucht angelegt wurden. Seit dem Ende der Planwirtschaft hat sich das Gebiet wieder naturnah entwickelt, 1999 wurden zwei künstliche Brutinseln im Kietzer See angelegt.

Sophienfließ – Dachsberg – Stobbertal

Über den höchsten Berg der Märkischen Schweiz

Ausgangspunkt: Parkplatz am nördlichen Ortsausgang von Buckow; wer mit dem Bus anreist, steigt am Strandbad Schermützelsee aus und folgt der Wriezener Straße in wenigen Minuten zum Ausgangspunkt am Ortsrand. Anfahrt A 10 Berliner Ring Ost Ausfahrt Hellersdorf, weiter auf der B 1/B 5 Richtung Müncheberg, dort abzweigen nach Buckow.
Bahn: Vom Bhf. Strausberg fährt der Bus nach Buckow (die auf den Karten eingezeichnete Bahnlinie ist eine Kleinbahn, der Bahnhof in Buckow ein Museumsbahnhof).
Gehzeit: 3 Std. (11 km).
Charakter: Waldwanderung auf zum Teil wurzeligen Pfaden, passagenweise steil, nicht zu empfehlen für Fahrräder.
Einkehr: Buckow, Pritzhagener Mühle.
Karte: Kompass Nr. 746.

Die Ausblicke vom Krugberg und vom Dachsberg sowie die Idylle des unter Naturschutz stehenden Stobbertals zählen zu den Höhepunkten dieser abwechslungsreichen Waldwanderung.
Nach Queren der Durchgangsstraße am nördlichen Ortsrand von **Buckow** folgt der mit dem Zeichen »gelbe Scheibe« markierte Fontane-Wanderweg mit Richtungsangabe »Wurzelfichte« in schönem Wald dem **Sophienfließ** durch das gleichnamige Naturschutzgebiet. Das in den Schermützelsee mündende Fließ entwickelt bei starken Niederschlägen wegen der Höhenunterschiede eine vergleichsweise große Erosionskraft und hat ein wunderschönes Waldtal ausgetieft, kleine Brücken und Stege schützen die es begleitenden Quellgebiete und sumpfigen Stellen. Die Bodenerosion durch Regen- und Schmelzwasser hat vermutlich auch das Wurzelwerk der 160 – 180 Jahre alten **Wurzelfichte** freigelegt, an der Sitzbänke zur Rast laden. Nach Überqueren des Sophienfließ bei der Wurzelfichte führt die gelbe Scheibe kurz in Bachabwärtsrichtung und dann links durch die

Drachenkehle-Schlucht hinauf zum **Krugberg**, auf dem ein Feuerwachturm steht und zwei Bänke zur Rast laden: Weit schweift der Blick auf die Pritzhagener und Reichenberger Wald- und Felfdflur, Bergrücken staffelt sich hinter

Eine reetgedeckte Schutzhütte lädt auf dem aussichtsreichen Dachsberg zur Rast.

Bergrücken - ein sehr schöner Blick.
Vom Krugberg führt die gelbe Scheibe am Rand der Felder entlang zur Verzweigung **Finkenherd**. Während die gelbe Scheibe hier direkt zur Günterquelle weiterführt, wandern wir mit dem Zeichen »Grünstrich« auf dem Poetensteig links weiter Richtung Tornowseen. Schon bald ist links der auf einer Kuppe lagernde **Teufelsstein** ausgeschildert, auf dem der Sage nach der Teufel um eine Seele Karten spielte und verlor. Wenig später blicken wir vom Poetensteig hinab in die Wolsschlucht und erreichen den reetgedeckten Unterstellpilz auf dem **Dachsberg** mit exzellentem Blick hinab zum Kleinen Tornower See. An der Abbruchkante hoch über der Seenrinne führt der Waldweg weiter, dann hinab zur Wegekreuzung auf dem Landrücken zwischen den Tornowseen, hier links hinab und am Haus Tornow vorbei am Ufer des **Kleinen Tornower Sees** entlang, wo es auch eine Badestelle gibt. Am Zufluss gelangt man durch das Naturschutzgebiet Stobbertal zur ausgeschilderten Gaststätte **Pritzhagener Mühle**, ein Abstecher von wenigen Minuten. Von der Gaststätte kehren wir zurück zum See, gehen links und an der Wegeverzweigung halb links weiter durch das naturschöne **Stobbertal**, in dem die Markierung »Gelbstrich« zur **Günterquelle** führt, deren eisenhaltiges Wasser früher als Trinkwasser genutzt wurde. Bei der Quelle befindet sich das **Informationszentrum der Naturparkverwaltung Märkische Schweiz**.
Nun ist es nicht mehr weit auf dem Hopfenweg, an dessen Ende Gelbstrich und Gelbpunkt rechts zurück nach **Buckow** führen.

16

Buckow – Schlossberg – Brecht-Weigel-Haus

Rundgang durch die Perle der Märkischen Schweiz

Ausgangspunkt: Fremdenverkehrsamt in Buckow an der Wrietzener Str. 1 unmittelbar neben dem Marktplatz und der Kirche. Anfahrt auf der A 10 Berliner Ring Ost Ausfahrt Hellersdorf, weiter auf der B 1/B 5 via Müncheberg, dort abzweigen nach Buckow.
Bus/Bahn: Buslinie Strausberg Bhf. – Buckow. Museumsbahn Müncheberg – Buckow.
Gehzeit: 2 Std. (5 km).
Charakter: Parkwanderung auf gepflegten Wegen.
Einkehr: Buckow.

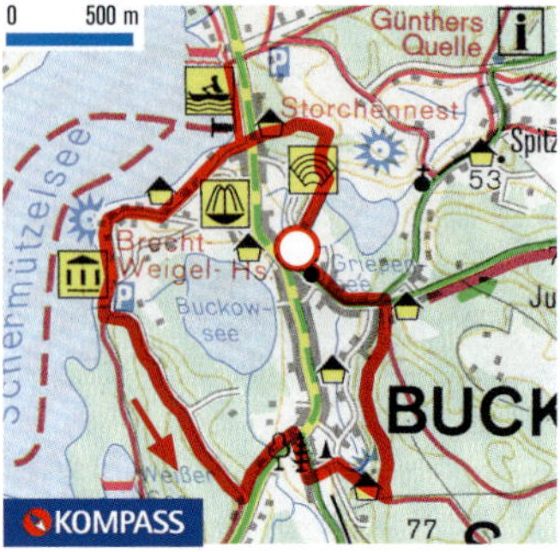

Der Kurort Buckow ist mit seinen Seen, der Stobbermühle, dem Landschaftspark, dem aussichtsreichen Schlossberg, dem Brecht-Weigel-Haus und den anderen Villen am Schermützelsee die »Perle der Märkischen Schweiz«. Unser Rundgang macht mit den Schönheiten dieser »Perle« bekannt.
Die meisten Besucher halten sich in der Nähe von Marktplatz und Stobbermühle auf in den zahlreichen Gartenrestaurants und Cafés. Hier ist auch unser Startpunkt: Wo sich heute das **Fremdenverkehrsamt** mit der Galerie »Zum Alten Warmbad« und das »Parktheater« befinden, gründete Herzog Heinrich der Bärtige von Schlesien um 1225 die Burg Buckow als Grenzfeste, um sein Land Lebus vor den Expansionsgelüsten der Wettiner und Askanier zu schützen.

Aus dem Fremdenverkehrsamt tretend, folgen wir den Schildern links in den **Stadtpark** hinein. Im 17. Jh. ließ Heyno Heinrich von Flemming hier ein Schloss errichten, den umgebenden Barockgarten gestaltete Peter Joseph Lenné um 1820 zum Landschaftspark um. 1945 wurden die von Flemmings enteignet, 1949 fiel das Schloss einem Abrissbefehl der Genossen zum Opfer. Heute ist der ehemalige Schlossgarten der Buckower Stadtpark: Zwischen Stobbermühle, Griepensee und Schlossberg erstreckt sich der 10 ha große Park, der **Schlossberg** bietet einen herrlichen Blick auf Buckow und die umgebenden Seen und Berge.
Alljährlich von Mai bis September werden unter den Bäumen des Parks Freilichtkonzerte »Klassik im Grünen« veranstaltet.

Das Speisezimmer im Brecht-Weigel-Haus.

Die **Felsenbühne** im Hang des Schlossbergs war bis 2003 Schauplatz von Theateraufführungen (Brecht, Shakespeare), 2004 blieb sie verwaist: Das Publikum interessierte sich nicht für die dargebotenen Kinderstücke, die plötzlich anstelle der Brecht-Klassiker gespielt wurden. Am Ende des Stadtparks treffen wir wieder auf die Wriezener Straße (Durchgangsstraße). Wer ihr rechts folgt, gelangt zum **Strandbad** und zum Bootsverleih am **Schermützelsee**. Beim Strandbad legen stündlich die Ausflugsschiffe zu etwa 50-minütigen Rundfahrten über den See ab mit Zwischenstopps an den Gaststätten »Buchenfried« und »Fischerkehle«. Vom Strandbad gehen wir zurück und biegen halb rechts in die Ringstraße ein. Sie mündet auf die Brechtstraße, der wir rechts weiterfolgen. Im Bereich der heutigen Bertolt-Brecht-Straße entstand ab Ende des 19. Jh. ein geschlossenes **Villenviertel**. Hier ließen sich wohlhabende Unternehmer, Künstler, Schriftsteller und Journalisten qualitätvolle Feriendomizile errichten im verspielt-fantasievollen Stil der Bäderarchitektur mit Türmchen, Giebeln, Ornamentleisten und schönen Gärten. Während des Gangs durch die Bertolt-Brecht-Straße bietet sich zwischen diesen Zeugen von Buckows Blütezeit immer wieder ein idyllischer Blick auf den Schermützelsee. Die bekannteste Villa ist das heutige Literaturmuseum **Brecht-Weigel-Haus**. An der Verzweigung beim Brecht-Weigel-Haus biegen wir auf die Buckowseepromenade ab. Mit teils bestechender Aussicht führt sie durch den Hang zwischen Ferdinandshöhe und Buckowsee und mündet schließlich auf die Berliner Straße (Durchgangsstraße). Ihr folgen wir links ortseinwärts und zweigen dann rechts (Hauptstraße) zum **Eisenbahnmuseum** im **Bhf. Buckow,** der Endstation der als Museumsbahn betriebenen Buckower Kleinbahn, ab. Von der Neuen Promenade beim Bahnhof führen Stufen im Steilhang hinauf zum **Luisenberg**, wo sich noch einmal eine prachtvolle Aussicht auf die Märkische Schweiz bietet. Der zur Stadt zurückführende Wanderweg mündet auf die Königstraße, die links zurück zum Marktplatz führt.

Schermützelsee

Rund um den größten See der Märkischen Schweiz

Ausgangspunkt: Parkplatz am südlichen Ortsrand von Buckow; in der Nähe, an der Durchgangsstraße, die Bushaltestelle Berliner Straße. Anfahrt A 10 Berliner Ring Ost Ausfahrt Hellersdorf, weiter auf der B 1/B 5 via Müncheberg, dort abzweigen nach Buckow.
Bus/Bahn: Buslinie Strausberg Bhf. – Buckow. Museumsbahn Müncheberg – Buckow.

Gehzeit: 3 Std. (8 km).
Charakter: Wald- und Promenadenwanderung auf zum Teil steilen Wegen und Wurzelpfaden; der Panoramaweg wird offiziell als »schwer« eingestuft; die Wanderung ist nicht für Fahrräder geeignet.
Einkehr: Zahlreiche rund um den See.
Karte: Kompass Nr. 746.

Der bergige Wanderweg rund um den Schermützelsee belohnt am Westufer mit prachtvollen Ausblicken auf den von Wald umgebenen See, während am Ostufer das Museum »Brecht-Weigel-Haus« Einblicke in Arbeit und Leben eines der bedeutendsten deutschen Schriftsteller gewährt. Dank der Schiffsanlegestellen lässt sich die Wanderung auch mit einer Ausflugsfahrt über den See kombinieren: Beim Strandbad legen stündlich die Ausflugsschiffe zu etwa 50-minütigen Rundfahrten über den See ab mit Zwischenstopps an den am Wanderweg gelegenen Gaststätten »Buchenfried« und »Fischerkehle«.

Am straßenabseitigen Rand des Parkplatzes am südlichen Ortsrand von **Buckow** befindet sich eine Verzweigung mit Wanderwegeschildern; der mit dem Zeichen »Grünpunkt« markierte Seerundwanderweg folgt der Zufahrtsstraße der Seeuferrestaurants und Schiffsanleger rechts, während wir dem kopfsteingepflasterten »Panoramaweg« geradeaus aufwärts in den Wald folgen an einer aussichtsreichen Grillstelle vorbei.

Auf dem ersten rechts abzweigenden Waldweg (Naturlehrpfad) verlässt der Panorama-

Grillhütte mit Blick auf den Schermützelsee.

weg den Kopfsteinpflasterweg und erreicht an der Schutzhütte **Panoramablick** die Abbruchkante des Steilhangs hoch über dem See. Gleich darauf kann man rechts über die **Josefstreppe** zur Schiffsanlegestelle **Fischerkehle** beim gleichnamigen Restaurant absteigen, während der Panoramaweg weiter durch den Wald führt, teilweise auf Treppen und Stegen, an der zweistämmigen **Windhosenkiefer** lädt erneut eine Schutzhütte zu aussichtsreicher Rast, dann senkt sich der Weg hinab zum Restaurant **Buchenfried** (Schiffsanleger). Hier endet die Uferstraße, und man kann sich entscheiden, ob man dem Panoramaweg wieder auf einer Treppe den Hang hinauf oder dem Grünpunkt-Rundweg geradeaus auf einem Waldweg folgt.

Wenig später mündet der Panoramaweg an der Schlucht **Grenzkehle** auf den Grünpunkt-Rundweg, und dieser führt teils im Wald, teils mit schönen Ausblicken weiter und berührt mehrere Moore. Im Hotel **Johst am See** besteht wieder Einkehrmöglichkeit, und bald nach Passieren der **Schwarzen Kehle**, wo ab 1851 Kohle abgebaut wurde, erreicht der Rundwanderweg den Parkplatz am nördlichen Ortsrand von Buckow. Hier geht es längs der Wietzer Straße zum Schiffsanleger am **Strandbad**. Nach Verlassen des Seeuferbereichs zweigt der Rundwanderweg halb rechts in die Ringstraße ein und erreicht auf der Bertolt-Brecht-Straße das Literaturmuseum **Brecht-Weigel-Haus**. Durch schöne Wälder geht es weiter zum **Weißen See**, wenig später sind wir zurück am Ausgangspunkt.

Strausberg – Stienitzsee – Rüdersdorf

Durch das Annatal zum Museumspark Rüdersdorf

Ausgangspunkt: S-Bahnhof Strausberg Stadt. Wer nur rund um den Herrensee wandern will, startet am S-Bahnhof Hegermühle oder an der Straßenbahnhaltestelle Schlagmühle. Anfahrt auf der A 10 Berliner Ring Ost Ausfahrt Hellersdorf, weiter auf der B 1/B 5 via Müncheberg und wenig später abzweigen nach Strausberg.
S-Bahn: S 5 Berlin – Strausberg.
Gehzeit: 4½ Std. (18 km) einfache Strecke.
Charakter: Waldwanderung auf insgesamt fahrradfähigen Wegen.
Einkehr: Strausberg, Rüdersdorf.
Karte: Kompass Nr. 746.

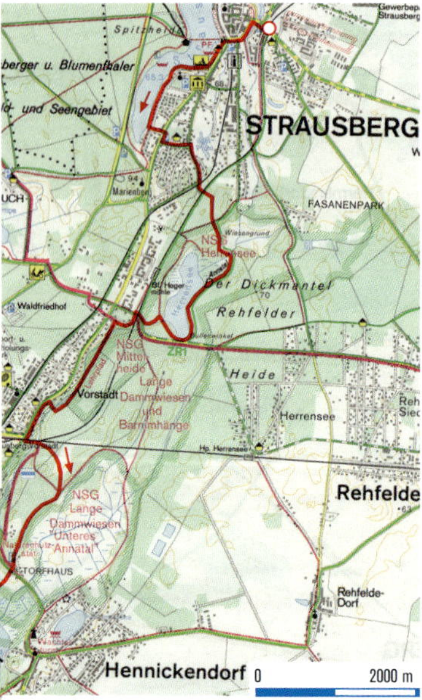

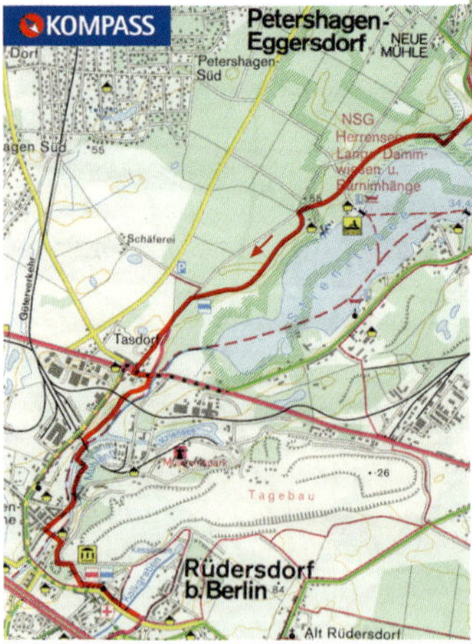

Vom Strausberger See führt der 66-Seen-Weg durch das Annatal zum Herren- und zum Stienitzsee, dessen Uferpfad zu den landschaftlich schönsten im Norden Berlins zählt, und zum Museumspark Rüdersdorf.

Vom **S-Bhf. Strausberg Stadt** gelangen wir wie bei Tour 19 zum **Straussee** und folgen dem Ufer links. Kurz vor der Südbucht wechselt der 66-Seen-Weg (Blaupunkt-Markierung) bei einer Sitzbank links über eine Stufenanlage in die Käthe-Kollwitz-Straße und führt nach Queren der Berliner Straße links neben den Häusern in den **Weinberge**-Wald hinauf und am

Der Weg führt anfangs durch den Park am Anleger der Straussee-Fähre.

Ende hinab zur Friedrich-Ebert-Straße. Ihr folgen wir rechts, am Ende geradeaus über das Güterbahngleis in den Wald, kurz hinter dem S-Bahn-Gleis rechts, bis wir schließlich ins **Annatal** und zur Idylle des verlandenden **Herrensees** gelangen; der Weg ist hier zusätzlich mit dem »Grünpunkt« des Herrensee-Rundwanderwegs markiert. Bald nach Passieren der Südspitze dieses zauberhaften Moorsees verlässt der 66-Seen-Weg vor einer Bachbrücke das Ufer und folgt dem Annafließ zur Straße: Kurz rechts, nach Unterqueren der Brücke links (Jägerstraße), nächste links (Schlagmühlenstraße) bis zur **Schlagmühle**, dort links über das Annafließ und dahinter rechts, immer in etwa am Fließ entlang, bis der Wanderweg nach Passieren des **Schwanensees** kurz auf die Ernst-Thälmann-Straße abgedrängt wird und ihr links zur S-Bahn-Brücke folgen muss. Rechts liegt der **S-Bhf. Strausberg**, während wir hinter der Brücke links längs der Bahnlinie in den Wald zurückgehen, bis die Markierungen rechts schwingen und am Rand des NSG **Lange Dammwiesen und Unteres Annatal** nach **Torfhaus** führen. Dort erreichen wir bald nach Queren der Hennickendorfer Chaussee den **Großen Stienitzsee** und folgen dem wunderschönen Uferpfad.

Schließlich treffen wir in **Tasdorf** auf die viel befahrene B 1: Rechts an der Ampelkreuzung die Bundesstraße queren, dann kurz links bis zur Abzweigung des Pfads, der am Mühlenfließ entlangführt.

Sollte es hier wieder den Steg zum **Museumspark Rüdersdorf** (siehe Einleitung Seite 20) geben, nehmen wir ihn, ansonsten müssen wir an der zweiten Eisenbahnbrücke den Umweg über die Ernst-Thälmann-Straße, die zweite dieses Namens, machen.

Straussee

Im Herzen der Strausberger Seenplatte

Ausgangspunkt: S-Bahnhof Strausberg Stadt; alternativ Straßenbahnhaltestelle Lustgarten. Anfahrt auf der A 10 Berliner Ring Ost Ausfahrt Hellersdorf, weiter auf der B 1/B 5 Richtung Müncheberg und wenig später abzweigen nach Strausberg. **S-Bahn:** S 5 Berlin – Strausberg.

Gehzeit: Knapp 3 Std. (10 km) Rundwanderung.
Charakter: Waldwanderung auf insgesamt fahrradfähigen Wegen ohne Auf- und Abstiege.
Einkehr: Strausberg.
Karte: Kompass Nr. 746.

Von Strausberg, der grünen Stadt am See, wandern wir rund um den Straussee. Der See ist ein beliebtes Ausflugsziel, hier kann man baden, angeln, tauchen und segeln. Dem Süden dieses Sees folgt auch der 66-Seen-Weg; wer ihm durch den Blumenthal-Wald weiter zur Spitzmühle folgt, kann die Wanderung zu einer »Drei-Seen-Wanderung« erweitern.
Vom S-Bahnhof **Strausberg Stadt** gehen wir Richtung Zentrum, an der großen Ampelkreuzung gera-

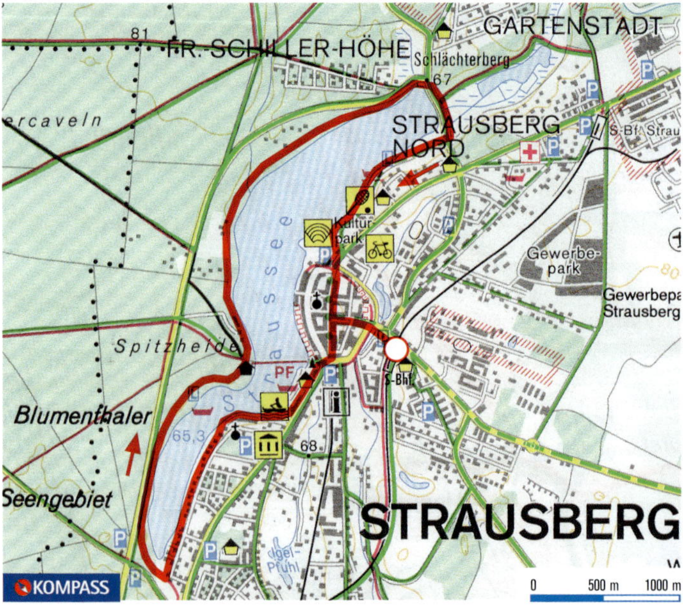

Die Fähre über den Straussee.

deaus durch die Müncheberger Straße, dann links durch die als Fußgängerzone ausgewiesene Große Straße, an deren Ende wir rechts den Anleger der **Straussee-Fähre** sehen.

Die unter Denkmalschutz stehende Seilfähre mit elektrischer Oberleitung pendelt ca. alle 30 Minuten über den See (Abkürzungsmöglichkeit).

Vom Fähranleger gehen wir links am Spielplatz und am Seegasthof vorbei, dahinter beginnt am Strandbad die Promenade zum Bootsverleih. Aussichtsreich folgt der fahrradfähige Weg dem von alten Bäumen gesäumten Ufer, links im Hang begleiten Gärten und Villen den Weg, der hin und wieder mit dem Zeichen »Blaupunkt« des 66-Seen-Wegs markiert ist. Am gegenüberliegenden Ufer beeinträchtigt die Geräuschkulisse der Umgehungsstraße die Wanderung, doch bald wird es wieder leiser, und wir erreichen den **Fähranleger**.

Während 66-Seen-Weg (und E11) nun waldeinwärts abzweigen und durch den Blumenthal zur Spitzmühle zwischen Bötz- und Fängersee führen, folgen wir weiter der Seepromenade; sie führt zunächst um einen abbruchreifen sozialistischen Feriengebäudekomplex herum und dann weiter im Wald. Nach Umgehen der Nordbucht wechselt die Promenade rechts auf die Badstraße und führt uns zurück ins Zentrum von **Strausberg**.

Eggersdorf – Spitzmühle – Wesendahler Mühle

Rund um Bötz- und Fängersee

Ausgangspunkt: Parkplatz an der Altlandsberger Chaussee (Durchgangsstraße Richtung Altlandsberg) an der Abzweigung der Mittelstraße. Anfahrt A 10 Berliner Ring Ost Ausfahrt Hellersdorf, weiter B 1/B 5 Richtung Müncheberg und wenig später abzweigen nach Eggersdorf/Strausberg.
Bus: Bushaltestelle Eggersdorf Mittelstraße.

Gehzeit: 3½ Std. (13 km) Rundwanderung.
Charakter: Waldwanderung auf meist gepflegten, fahrradfähigen Promenaden, keine Auf- und Abstiege.
Einkehr: Seeschloss, Spitzmühle, Wesendahler Mühle, Postbruchhütte.
Karte: Kompass Nr. 746.

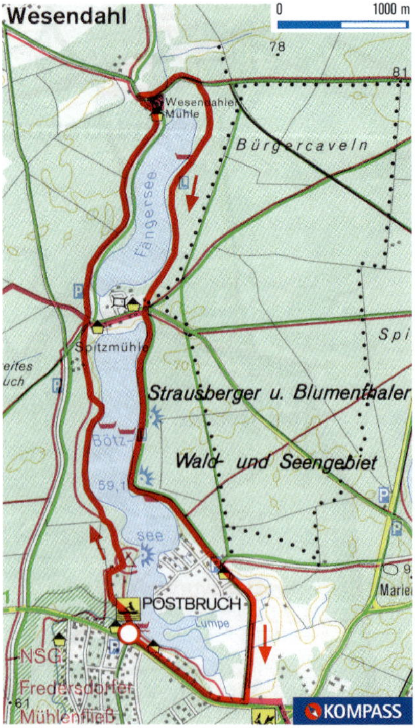

Die von Wald umgebenen Seen Bötz- und Fängersee liegen am Rand des Blumenthals, eines der größten geschlossenen Waldgebiete nördlich von Berlin. Mit Ausnahme des Bötzsee-Westufers, an dem ein schmaler Pfad entlangführt, erwarten während der idyllischen Wanderung gepflegte Wege unter immer wieder uralten Bäumen.

Vom Parkplatz bzw. der Bushaltestelle in **Eggersdorf** an die Altlandsberger Chaussee (Durchgangsstraße) tretend, gehen wir wenige Meter rechts und biegen die erste links zum Restaurant **Seeschloss** am **Bötzsee** ab.

Am Strandbad vorbei geht es links zum Campingplatz, dann auf dem Uferweg. Der schmale Uferweg führt im Wald an mehreren kleinen

Gartenrestaurant der Wesendahler Mühle.

Badestellen vorbei, kurz hinter einer größeren mit Sandstrand befindet sich eine Windwurfstelle, die dazu zwingt, links auf den Forstweg auszuweichen; dieser ist mit dem Zeichen »Gelbstrich« markiert und führt zur Alten und zur Neuen **Spitzmühle**, zwei Ausflugsrestaurants im Wald zwischen den beiden Seen.

Hier sehen wir die Markierung des Europäischen Fernwanderwegs 11, der an der Spitzmühle vorbei rechts führt (Abkürzung), folgen jedoch der »Blaupunkt«-Markierung des 66-Seen-Wegs links unter alten Eichen am Westufer des **Fängersees** entlang.

Badestellen gibt es hier zwar keine, dafür ist aber der Weg landschaftlich schöner als der am Bötzsee. An der Nordbucht lädt die **Wesendahler Mühle** zur Einkehr. Von der vor über 800 Jahren hier gegründeten Mühle – im Gartenrestaurant hat man Blick auf das Mühlrad – folgt der 66-Seen-Weg dem Ostufer des Fängersee zurück zur **Spitzmühle**, wo er sich mit dem Europäischen Fernwanderweg 11 vereinigt.

Am folgenden Wegstück am Ostufer des Bötzsees laden zahlreiche Sitzbänke zu aussichtsreicher Rast. Schließlich verlässt der Wanderweg beim Ausflugsrestaurant **Postbruchhütte** das Ufer und leitet durch die Wiesen zurück nach **Eggersdorf**.

Dort muss man einige unvermeidliche Minuten längs der Durchgangsstraße rechts gehen.

Strausberg – Lattseen

Durch den Blumenthal-Wald

Ausgangspunkt: S-Bahnhof Strausberg Nord. Anfahrt auf der A 10 Berliner Ring Ost Ausfahrt Hellersdorf, weiter auf der B 1/B 5 Richtung Müncheberg und wenig später abzweigen nach Strausberg.

S-Bahn: S 5 Berlin – Strausberg.
Gehzeit: 4 Std. (15 km) Rundwanderung.
Charakter: Waldwanderung auf insgesamt fahrradfähigen Wegen.
Einkehr: Strausberg.
Karte: Kompass Nr. 746.

Blumenthal

Der Blumenthal zählt zu den größten und schönsten geschlossenen Waldgebieten rund um Berlin. Mit seinen kleinen Seen, Lichtungen und undurchdringlichen Dickichten erstreckt er sich im Süden des Barnim zwischen Leuenberg, Gielsdorf, Prötzel und Tiefensee. Maiglöckchen, Glockenblumen, kleine Wiesenrauten und Ginsterbüsche blühen überall im Wald, der seinen Namen nach diesem Blumenreichtum trägt bzw., wie die Sage berichtet, nach einer versunkenen Stadt, die seit Jahrhunderten vom Wald überwuchert ist. »Der Blumenthal hat seine Romantik«, urteilt Theodor Fontane. »Etwas von dem Zauber Vinetas [der untergegangenen Stadt an der Ostsee] ist um ihn her, und die Sage von untergegangenen Städten, verschwunden in Wasser und Wald, begleitet den Reisenden auf Schritt und Tritt.«

Von Strausberg führt diese Waldwanderung durch das Hügelland des Oberbarnim zu den reizvollen Lattseen.

Vor dem **S-Bahnhof Strausberg Nord** queren wir die Prötzeler Chaussee und folgen dem Wilkendorfer Weg nordwärts. Am Ende

Lattseen.

der Bebauung liegt links im Wald der **Kinderbauernhof Roter Hof**; er bietet Stadtkindern die Möglichkeit, Schafe, Kaninchen, Pferde u. a. Tiere aus nächster Nähe zu erleben und dabei Stallluft zu schnuppern.

In **Wilkendorf** geht es am Gelände des **Golfparks Schloss Wilkendorf** und an den Schlossteichen entlang durch schönen Hochwald zum **Großen Lattsee**. Am Ostufer dieses 1,67 ha großen Sees, an dem Angler auf Karpfen, Schleien, Karauschen, Hechte, Aale und verschiedene Weißfischarten warten, wandern wir weiter durch schönen Mischwald.

An der Verzweigung am Ende des Großen Lattsees kann man am gegenüberliegenden Ufer zurückgehen (Richtung »Gielsdorf«), aber es ist lohnend, auch die weiter nördlich gelegenen **Kleinen Lattseen** zu umrunden.

Wer noch weiter will, gelangt nach Queren der Straße in das Naturschutzgebiet **Blumenthal** und zum Großen Pichesee.

Westlich der Latseen wandern wir zurück zur Verzweigung im Süduferbereich des Großen Lattsee, gehen hier noch ein Stück Richtung Gielsdorf, zweigen links ab und gelangen am **Ihlandsee** vorbei zur Straße. Hier rechts, dann längs der Gielsdorfer Chaussee in die Strausberger **Gartenstadt** und zum **Straussee**. Hier links zurück zum Wilkendorfer Weg.

Leuenberg – Langer See – Gamensee

In den Tiefenseer Gamengrund

Ausgangspunkt: Bushaltestelle am Dorfanger von Leuenberg in der Gemeinde Höhenland. Anfahrt auf der A 10 Berliner Ring Nord Ausfahrt Hohenschönhausen und auf der B 158 weiter Richtung Bad Freienwalde.

Bus/Bahn: Bus ab Bahnhof Werneuchen (an der Bahnlinie Berlin-Ahrensfelde – Tiefensee); wer mit der Bahn anreist, startet am Bahnhof Tiefensee, der allerdings ein unangenehmes Straßenstück außerhalb des Orts liegt.

Gehzeit: Knapp 3 Std. (10 km) Rundtour.

Charakter: Waldwanderung auf teils sandigen und steilen Wegen und Pfaden.

Einkehr: Leuenberg, Haus Mittelsee, Waldschenke Sumpfbiber.

Karte: Kompass Nr. 744.

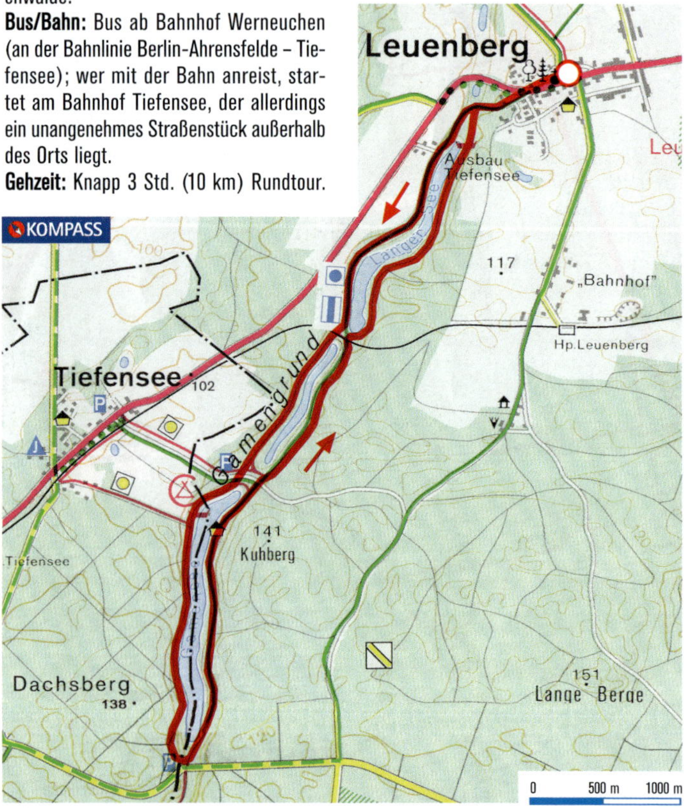

Am Gamensee.

Vom Bergdorf Leuenberg führt diese Wanderung zur Seenkette im südlichen Gamengrund, einem der schönsten Wandertäler des Barnim. Um alle drei Seen führen Rundwanderwege (»Drei-Seen-Weg«), so dass man je nach Sonnenstand und Lust Hin- und Rückweg am Ost- oder am Westufer begeht.

Von der Bushaltestelle am **Leuenberger Dorfanger** mit Kirche, Dorfteich und Alter Schule folgen wir der lebhaften Bundesstraße kurz Richtung Berlin und zweigen am ehemaligen Gutshaus mit dem alten Speicher halb links hinab zum **Langen See** ab, wobei die Blaupunkt-Markierung des 66-Seen-Wegs die Route weist, und zwar am Westufer des von Wald umgebenen Sees; die Badestelle liegt am Ostufer. An der Südspitze des Sees gilt es in bergigem Gelände zur Bahnstrecke hochzukraxeln, ehe es wieder steil hinabgeht in den bewaldeten Hang über dem **Mittelsee**. Am Anfang des nächsten Sees, des **Gamensees**, müssen wir kurz über den **Country Camping Sumpfbiber** gehen, danach folgt der Wanderweg reizvoll dem Seeufer, an dessen Südspitze an einem Sandstrand ein Rastplatz zum Verweilen einlädt.

Wer dem 66-Seen-Weg weiterfolgt, kann bis Strausberg (dort S-Bahnanschluss nach Berlin) weiterwandern, doch wir machen kehrt und folgen dem Ostufer der drei schönen Rinnenseen zurück in das Höhendorf **Leuenberg**.

Großer Gamensee – Teufelssee – Buchsee

Durch den nördlichen Gamengrund

Ausgangspunkt: Parkplatz am Großen Gamensee in der Gemeinde Falkenberg/Mark an der Straße von Dannenberg/Mark nach Kruge. Anfahrt auf der A 11 Berliner Ring – Stettin Ausfahrt Finowfurt und auf der B 167 durch Eberswalde bis Falkenberg.
Gehzeit: 3 Std. (12 km) hin und zurück.
Charakter: Zum Teil sandige Waldwege.
Einkehr: Keine.
Karte: Kompass Nr. 744.

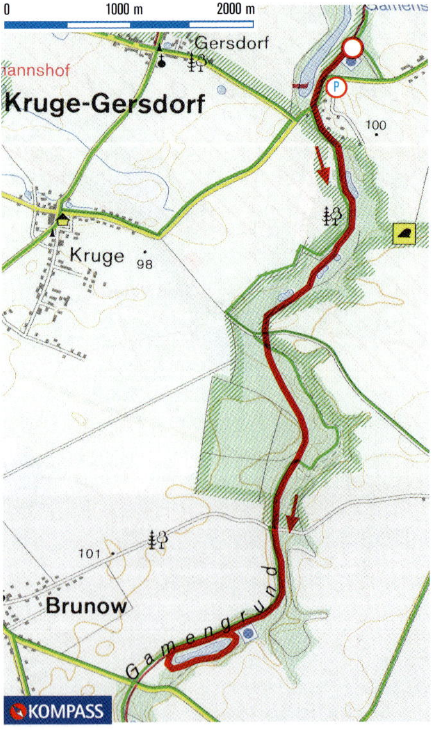

Der Gamengrund mit seinen Wäldern und Seen ist eines der faszinierendsten Wandergebiete im Osten des Barnim.
An der Verzweigung am straßenabseitigen Ende des Parkplatzes am **Großen Gamensee** folgen wir der Blaupunkt-Markierung des 66-Seen-Wegs mit Richtungsangabe »Leuenberg« durch die Wälder des **Gamengrunds**. Man kann den Gamengrund bis Leuenberg durchwandern, muss dann jedoch wegen schlechter Busverbindungen auf derselben Strecke zurück.
Der Name des bald erreichten **Teufelssees** erinnert daran, dass es noch Anfang des 20. Jh. im Gamengrund gespukt haben soll.
Bald nach Passieren der **Rittmeisterhütte**, einer Schutzhütte, führt der Waldweg an drei weiteren Seen vorbei, dann geht es endlos wei-

ter durch die Wälder, ehe bald nach Passieren der **Espensuhlenhütte** der **Buchsee** erreicht ist. Nach Umrunden dieses Waldsees kehren wir zurück zum Parkplatz am **Großen Gamensee**.
Hier spendet an heißen Tagen der Sprung ins Nass Abkühlung: Am Westufer befindet sich die Badestelle.

Gamengrund

Der Gamengrund ist eine zum Teil schluchtartig in die Barnimhochfläche eingeschnittene Seenrinne, die sich von Falkenberg-Neugersdorf auf einer Länge von rund 15 km südwärts bis an den Rand der Strausberger Seen erstreckt. Dank seiner Naturnähe zählt das zu 95% bewaldete Tal mit seinen fast 20 Seen, Wasserlöchern und Teichen zu den schönsten Wanderrouten im Osten Brandenburgs. Meist ist das Tal 300 - 400 m breit, an einigen Stellen erreichen die Flanken geradezu mittelgebirgsähnliche Steilheit. Während der Teil nördlich des Höhendorfs Leuenberg keine touristische Infrastruktur wie Bäder und Gaststätten aufweist, ist der Abschnitt bei Tiefensee südlich von Leuenberg ein Ausflugsbrennpunkt mit Campingplatz und mehreren Einkehrmöglichkeiten.
Wegen der Abgeschiedenheit ranken sich vor allem um den Nordteil mehrere Sagen, denen zufolge Tote und kopflose Kälber zu nächtlicher Stunde im Gamengrund spuken und mit Wanderern und Reisenden nach Sonnenuntergang allerlei Schabernack treiben.

Bild oben: Der Gamengrund; Bild unten: Der Teufelssee.

Bad Freienwalde – Ahrendskehle

Rauschende Wälder und drei Aussichtstürme

Ausgangspunkt: Bhf. Bad Freienwalde. Anfahrt A 11 Berliner Ring – Stettin Ausfahrt Finowfurt und auf der B 167 über Eberswalde nach Bad Freienwalde.
Bahn: Linie Berlin – Eberswalde – Bad Freienwalde.

Gehzeit: Gut 4 Std. (16 km) Rundtour.
Charakter: Insgesamt bequeme Waldwege mit einigen kleineren steilen Auf- und Abstiegen.
Einkehr: Bad Freienwalde.
Karte: Kompass Nr. 744.

Die Wald- und Hügellandschaft von Bad Freienwalde am Nordostrand des Barnim besticht durch hohen Abwechslungsreichtum: Artenreiche Mischwälder in steilen Bergflanken, die zauberhafte Ahrendskehle-Schlucht beim Teufelssee und bei klarer Sicht die hervorragenden Fernblicke von den drei Aussichtstürmen zählen zu den Höhepunkten, abschließend lohnt eine Promenade durch die Parks und die Altstadt der Kur- und Schlossstadt, die ihr historisches Stadtbild weitgehend bewahrt hat.

Vom **Bhf. Bad Freienwalde** führt die Bahnhofstraße stadteinwärts, nach Überqueren des Landgrabens geht es geradeaus auf der Karl-Marx-Straße zum Marktplatz auf dem Anger mit dem Rathaus, dem Oderlandmuseum und der Kaisereiche. An der Nikolaikirche vorbei geht es weiter auf der Uchtenhagenstraße, und wo diese rechts schwingt, kurz geradeaus (Weinbergstraße), bis der vom Schlosspark herüberführende Fontane-Wanderweg (»Blaustrich«) kreuzt und rechts über Stufen auf den **Ruinenberg** führt; die 1820 im Stil der Romantik errichtete **Ruine** war der erste Freienwalder Aussichtsturm, die Plattform gibt den Blick frei über das Niederbruch bis zum Schiffshebewerk und über Teile der Stadt hinweg

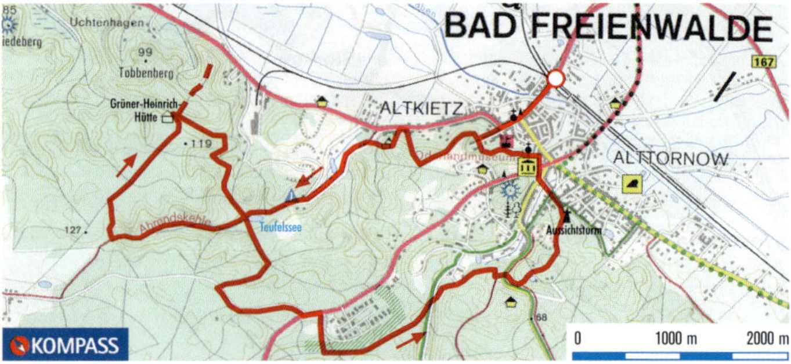

zur Insel Neuenhagen. Durch schöne Mischwälder führt der »Blaustrich« weiter zum **Thüringer Blick** und erreicht nach Durchqueren des **Hammerthals** den **Teufelssee**, an dem Bademöglichkeit besteht und der ein Ausgangspunkt mehrerer Wanderwege ist, darunter des »Höhenwegs um die Ahrendskehle« (»Grünpunkt«) und des reizvollen »Ahrendskehle-Wegs« (»Grünstrich«). Während der Fontane-Wanderweg am Ende des Sees rechts weiterführt, folgen wir dem Grünstrich hinauf in die **Ahrendskehle**. Die Ahrendskehle ist eine 1,5 km lange, von Steilhängen flankierte Schlucht, durch die ein kleiner Bach fließt. Die quellenreiche Schlucht ist im unteren Bereich ausgesprochen feucht, im oberen Teil fast trocken. Ulmen, Erlen, Hain- und Rotbuchen, aber auch Kiefern, Fichten und Douglasien prägen das Waldbild, aufschauen lassen auch einige Zwiesel und »Baumehen«. Am oberen Ausgang der Schlucht treffen wir auf den »Höhenweg um die Ahrendskehle« (Grünpunkt) und folgen ihm rechts, bis er auf einen schnurgeraden Forstweg mündet. Letzterem folgen wir im Wald zur **Grüner-Heinrich-Hütte**, wo der Abstecher zum 1994 nach Sanierung neu eröffneten **Bismarckturm** auf dem **Schlossberg** angezeigt ist: 112 hölzerne Stufen führen auf die obere Plattform des 28 m hohen Turms, der einen herrlichen Rundblick bis nach Eberswalde, zum Schiffshebewerk im Finowtal und zur Insel Neuenhagen bietet. Zurück an der Grüner-Heinrich-Hütte, auf dem Fontane-Wanderweg zurück zum **Teufelssee**. Hier folgen wir dem »Grünkreuz« (»Grüner Weg«, anfangs identisch mit der Grünpunkt-Route »Höhenweg«) durch den Wald zur Bundesstraße, dort kurz links, dann rechts hinauf in den Hang oberhalb der **Waldstadt** zur großen Wegekreuzung in der Nähe des **Wintersportzentrums** und des Moorbads. Wer abkürzen will, geht den Hauptweg hinab in die Stadt; unwesentlich länger ist der reizvolle Gelbpunkt-Weg (Gustav-Schüler-Weg), er führt zum dritten **Aussichtsturm** dieser Tour: 98 Stufen führen auf die obere Galerie des 23,5 m hohen Turms, der 1879 als Gefallenendenkmal auf dem **Galgenberg** errichtet wurde und einen weiten Blick ins Mitteloderbruch bis hinüber zu den Hügelketten jenseits der Oder, zur Insel Neuenhagen und waldwärts ins Brunnental gewährt. Vom Aussichtsturm führen 140 Stufen hinab zur Melcherstraße/Ecke Oberförsterei. Links am Waldrand gelangt man auf einem kleinen Pfad zum Turmcafé hinter der katholischen Marienkirche; hier befindet sich auch der jüdische Friedhof. Der Goethestraße folgen wir stadteinwärts, an der Melcherstraße links und befinden uns nun wieder auf dem Fontane-Wanderweg. Nach Queren der Schiffmühler Straße (Bundesstraße) durch den Schlosspark zur Freilichtbühne und zurück zur Weinbergstraße.

Melchow – Spechthausen – Eberswalde

Nonnenfließ und Schwärzetal

Ausgangspunkt: Bhf. Melchow. Anfahrt A 11 Berliner Ring – Stettin Ausfahrt Lanke via Lanke und Biesenthal nach Melchow.
Bahn: Linie Berlin – Bernau – Eberswalde.
Gehzeit: Gut 3 Std. (13 km) einfache Strecke, plus Weg zum Bahnhof.
Charakter: Bequeme Waldwege mit einigen kleineren steilen Auf- und Abstiegen.
Einkehr: Bad Freienwalde.
Karte: Kompass Nr. 744.

Die mittelgebirgsartige Wald- und Wildbachlandschaft des Naturschutzgebiets Nonnenfließ-Schwärzetal an der Nordkante der Barnimhochfläche zählt zu den schönsten Wandergebieten Brandenburgs. Wer abkürzen oder eine kleine Rundtour unternehmen will, startet in Spechthausen: Wanderwege führen beidseits des Nonnenfließes entlang.

Vom **Naturparkbhf. Melchow** führt die

Das **Nonnenfließ** südlich von Eberswalde hat sich schluchtartig in die Barnimhochfläche eingetieft und bildet eines der schönsten Wandertäler nördlich von Berlin. Kilometerweit mäandriert der Bach durch das mittelgebirgsähnlich wirkende Tal, in dessen Steilhängen alte Buchen und Traubeneichen wachsen, während das Fließ von Erlen, Eschen, Hainbuchen, Ulmen und Bergahornen gesäumt wird. Das Nonnenfließ entspringt beim Fachwerkkirchdorf Tuchen (Gemeinde Breydin) und mündet nach 11 km in Melchow-Spechthausen in die Schwärze. Das gesamte Nonnenfließtal und Teile des Schwärzetals wurden 1996 unter Naturschutz gestellt. Vor 300 Jahren trieb die Kraft des Wassers die Räder von sechs Mühlen an, geblieben sind davon nur noch die Namen Neue Mühle und Schönholzer Mühle sowie einige gemauerte Brücken aus der Mühlenzeit. Viele Sagen ranken sich um das verwunschen wirkende Fließ, das seinen Namen nach einer alten Klosterstätte tragen soll. Eine der Schwestern ergab sich mit einem stürmischen Reitersmann sinnlichen Lüsten, zur Strafe ließ eine Flut das Kloster versinken, nur eine der Nonnen konnte sich retten und errichtete zum Dank ein hölzernes Kreuz – es ist das Liesenkreuz an der neu errichteten Liesenkreuzbrücke, und niemand weiß, welche Nonne die Liese war, eine fromme, oder die mit dem stürmischen Reitersmann.

Spechthausen.

Eberswalder Straße (B2) ortseinwärts, wobei der »Blaupunkt« des 66-Seen-Wegs die Route weist:
Im Ort rechts in die Dorfstraße, am Ende links an der **Wildtierstation** vorbei auf den Wald zu. Die Dorfstraße, ein unbefestigter Fahrweg, erreicht nach einer Dreiviertelstunde den winzigen Weiler **Schönholz**. Dort verlassen wir an der Verzweigung den 66-Seen-Weg, folgen der blauen Markierung kurz halb links auf der Straße und dann rechts in den Wald hinein Richtung Spechthausen.
Schon bald taucht der Weg in das NSG **Nonnenfließ-Schwärzetal** ein und erreicht die Raststelle an der **Liesenkreuzbrücke** über das **Nonnenfließ**. Auf der rechten Seite des Bachs schlängelt sich der Weg durch artenreiche Wälder und erreicht die **Waldschule Barnim** in **Spechthausen**. Wenig unterhalb mündet am Dorfteich das Nonnenfließ in die Schwärze. (Durch das Schwärzetal führt kein ausgeschilderter Wanderweg.) An der großen Dorfstraßen-Verzweigung (alle Straßen haben hier denselben Namen) verlassen wir die Bundesstraße (Dorfstraße) und gleich auch die (kleine) Dorfstraße und folgen der Mark. »Zum Tierpark« an einer Kleingartenanlage vorbei, dann im Wald. Am **Eberswalder Zoo** in einer herrlichen Mischwaldlandschaft endet der Blaustrich-Wanderweg (Bushaltestelle).

Alternative:

Rechts (Am Wasserfall) zum Zainhammer Teich, an dem die Zainhammer Mühle (mit dem gleichnamigen Kunstverein) liegt. Weiter Am Zainhammer am **Forstbotanischen Garten** vorbei und auf dem Schwappachweg zur Brunnenstraße (B2): Links und gleich wieder links (Raumerstraße) zum Busbahnhof und Hauptbahnhof von **Eberswalde**.

Prenden – Sophienstädt – Eiserbuder See

An den Prendener Seen

Ausgangspunkt: Ortsmitte Wandlitz-Prenden, bei der Kirche. Anfahrt auf der A 11 Berliner Ring – Stettin Ausfahrt Lanke/Prenden.
Gehzeit: 3 Std. (11 km) Rundwanderung.

Charakter: Fast durchgehend fahrradfähige Waldwege.
Einkehr: Prenden, Sophienstädt.
Karte: Kompass Nr. 744.

Das 400-Seelen-Kirchdorf Prenden an der Märkischen Eiszeitstraße im Naturpark Barnim liegt in der wunderschönen Seen- und Waldlandschaft der Prendener Seen: Bauernsee, Strehlesee, Mittelprendener See und Bogensee laden zum Baden, die pilzreichen Wälder zu ausgiebigen Wanderungen ein. Auf der höchsten Erhebung des Orts steht die Kirche mit ihrem markanten Fachwerkturm (1704) und der originellen Einzeigeruhr (zeigt nur die Stunden an).

Von der Dorfstraße in **Prenden** folgen wir kurz dem Naturpark Barnim Meridian (Grünstrich-

Am östlichen Ortseingang von Prenden steht am Ufer des Strehlesees 23 t schwere Granitfindling »**Prendener Teufelsstein**«. Bis 1887 gab es noch einen zweiten, kleineren, der dann nach Berlin verfrachtet und am Wasserfall im Humboldthain aufgestellt wurde. Die Schwierigkeiten beim Transport (die Straßen mussten danach ausgebessert werden) ließen die Behörden davon Abstand nehmen, auch den 23-t-Koloss in die Hauptstadt zu überführen. Geologen sagen, die Findlinge seien während des Glazials aus Mittelschweden hierher geschoben worden. Die Legende interpretiert sie als Geschosse des Gottseibeiuns:
Erbost über das schöne Geläut der Prendener Glocken, habe er fünf riesige Steine gegen den Kirchturm geschleudert, drei landeten im Wandlitzer See, aus dessen aufspritzendem Wasser die drei Heiligen Pfühle entstanden; die beiden anderen gingen unweit der Prendener Kirche am Strehlesee nieder. Der Prendener Teufelsstein zeigt noch die Krallenspuren des Teufels.

Markierung) auf der Ruhlsdorfer Straße ortsauswärts. Während der gleich rechts abzweigende »Seeweg« zum Bad am **Bauersee** führt, wechselt der Naturpark Barnim Meridian (ein Wander- und Radweg) wenig später auf den Sophienstädter Weg und folgt ihm durch die Wälder am **Mittelprendensee** vorbei in das Kirchdorf **Sophienstädt**. Nach Verlassen des Dorfs erreicht der Meridian den idyllisch gelegenen **Eiserbuder See**, um den ein Naturlehrpfad führt. Den See bevölkern im Winter zahlreiche gefiederte Gäste aus dem Norden. An der Verzweigung am **Forsthaus Eiserbude** kann man einen Abstecher zum ebenfalls wunderschön gelegenen **Bukowsee** unternehmen, an dem Bademöglichkeit besteht. Danach folgen wir der grünen und dann der roten Markierung am **Mergelluch** vorbei zurück nach **Prenden** (Am Bauersee).

Bild oben: Dorfkirche in Prenden;
Bild unten: Kirche in Sophienstädt.

27

Lanke – Biesenthal – Lobetal

Durch Kleinthüringen im Quellgebiet der Finow

Ausgangspunkt: Ortsmitte Wandlitz-Lanke, bei der Kirche. Anfahrt auf der A 11 Berliner Ring – Polen Ausfahrt Wandlitz.
Bahn: Bahnhof Wandlitz an der Heidekrautbahn (Niederbarnimer Eisenbahn) verbindet die Schorfheide und den Barnim mit Berlin(-Karow).
Gehzeit: 4 Std. (16 km) Rundwanderung.
Charakter: Waldwege und zum Teil wurzelige Pfade, zum Teil Asphaltwege.
Einkehr: Lanke, Biesenthal, Lobetal.
Karte: Kompass Nr. 744.

Das unter Naturschutz stehende Biesenthaler Becken, in dem sich die Quellfließe der Finow sammeln, wird wegen der Steilheit des Geländes vor allem am Hellmühler Fließ als »Kleinthüringen« bezeichnet. Am Straßendreieck im Kirchdorf **Lanke** gehen wir auf der Dorfstraße kurz Richtung Bernau aufwärts und zweigen am Ende der Bebauung links auf einen Waldweg ab, der in den verwunschen wirkenden ehemaligen **Schlosspark** hinabführt; im **Schloss** (1858/59), an dem wir bald nach

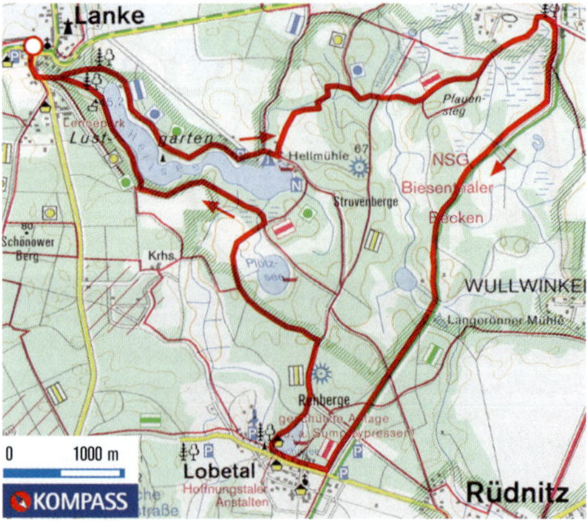

Überqueren des Bachs vorbeikommen, werden bzw. wurden bis vor kurzem geistig Behinderte betreut. Unter alten Buchen und Eichen erreicht der mit »Blaupunkt« und »Grünpunkt« markierte Weg das Ostufer des waldumgebenen **Hellsees** und folgt ihm zum Wanderzentrum an der **Hellmühle**. Während der mit dem »Grünpunkt« markierte Hellsee-Rundweg weiter am idyllischen See bleibt, folgen wir dem »Blaupunkt« (zugleich Rotstrich) links durch das Naturschutzgebiet **Biesenthaler Becken** Richtung »Biesenthal« durch das als **Kleinthüringen** bezeichnete, passagenweise schluchtartige Tal des Hellmühler Fließes. Der Weg wechselt mehrfach die Täler, allein viermal werden Fließe auf Brücken überquert, dann wandern wir am Rand der **Schweinebuchtenberge** an den Stadtrand von **Bie-**

Obersee, Lanke.

senthal. Hier zweigen wir rechts Richtung »Lobetal« ab und wandern weiter durch die abwechslungsreiche Landschaft des Biesenthaler Beckens auf einem passagenweise hohlwegartigen Weg zwischen Feld- und Flatterulmen, Stieleichen und Linden. Die verfallende **Langerönner Mühle** ist eine 1430 errichtete Wassermühle; hier befinden sich ein Rastplatz und ein Informationskiosk.

Auf einem hügeligen Asphaltweg kommen wir nach Bernau-**Lobetal**; Friedrich von Bodelschwingt gründete hier 1907 als Teil der **Hoffnungstaler Anstalten** eine Kolonie für arbeits- und obdachlose Männer, in die bald auch geistig Behinderte und Epilepsiekranke kamen.

An den Hoffnungstaler Anstalten vorbei gelangen wir zum **Mechesee**, folgen dem »Gelbstrich« auf einem von Eichen, Buchen und Feldahornen gesäumten Uferweg am See entlang, verlassen ihn auf einem Waldweg und gelangen durch eine Niederung mit Wiesen am **Plötzensee** vorbei zur Verzweigung am Hellsee. Hier folgen wir dem »Grünpunkt« links zurück nach **Lanke**.

Biesenthaler Becken – Quellgebiet der Finow

Das 990 ha große Naturschutzgebiet Biesenthaler Becken ist ein kleinteilig reliefiertes Gletscherzungenbecken, in dem die Quellbäche der Finow entspringen. Charakteristisch ist eine Vielfalt an Mooren, Dünen, Trocken- und Halbtrockenrasen, Feucht- und Nasswiesen, Quellen, Torfstichen sowie kleinen Seen, die von breiten Verlandungsmooren umgeben sind. Als Besonderheit gilt der Reichtum an kleinen natürlichen Fließgewässern wie Rüdnitzer Fließ, Langerönner Fließ, Hellmühler Fließ und Pfauenfließ; diese Fließe vereinigen sich am Nordrand des Biesenthaler Beckens zur Finow, einem Nebenfluss der Oder.

Wandlitz – Liepnitzsee

An den Heiligen Pfühlen vorbei zu einem der klarsten Badeseen

Ausgangspunkt: Bhf. Wandlitzsee. Anfahrt A 11 Berliner Ring – Polen Ausfahrt Wandlitz.
Bahn: Die Heidekrautbahn (Niederbarnimer Eisenbahn) verbindet die Schorfheide und den Barnim mit Berlin(-Karow).

Gehzeit: 3½ Std. (13 km) Rundwanderung.
Charakter: Waldwege und zum Teil wurzelige Pfade.
Einkehr: Wandlitz, Ützdorf, Liepnitzsee.
Karte: Kompass Nr. 744.

Mit dem Liepnitzsee umrunden wir einen der schönsten Badeseen des Naturparks Barnim.

Am **Bhf. Wandlitzsee** überqueren wir in Fahrtrichtung Berlin die Gleise, folgen dem Bahnhofsweg kurz links und zweigen rechts ab An der Bogenheide in Richtung des Jugendstil-**Wasserturms** an, dann halb rechts An den Pfühlen. Der Name des Ghs. **Versunkene Glocke** erinnert an die sagenhafte Entstehung der **Drei Heiligen Pfühle**, drei kleiner Seen in der Schmelzwasserrinne zwischen Liepnitz- und Wandlitzer See. Der Legende zufolge entstanden sie, als der Teufel von Prenden aus große Steine auf die Kirche von Wandlitz warf; die Steine verfehlten ihr Ziel und landeten im Wandlitzer See, durch das dabei herausspritzende Wasser entstanden die drei Pfühle. Nach einer anderen Legende soll an den Heiligen Drei Pfühlen einst das Dorf Arendsee gestanden haben; wegen des sündigen Treibens der Bewohner musste es durch ein Erdbeben untergehen. Um Mitternacht sind zuweilen aus der Tiefe der Pfühle herauf die Glocken des versunkenen Dorfs zu hören. 1907/08 wurde die Jugendstil-Villenkolonie im Nordbereich der Pfühle erbaut.

Am Ende der Bebauung taucht der Weg in den Wald ein und führt an den beiden östlichen Pfühlen vorbei. Nach Queren einer Teerstraße erreichen wir den Regenbogensee

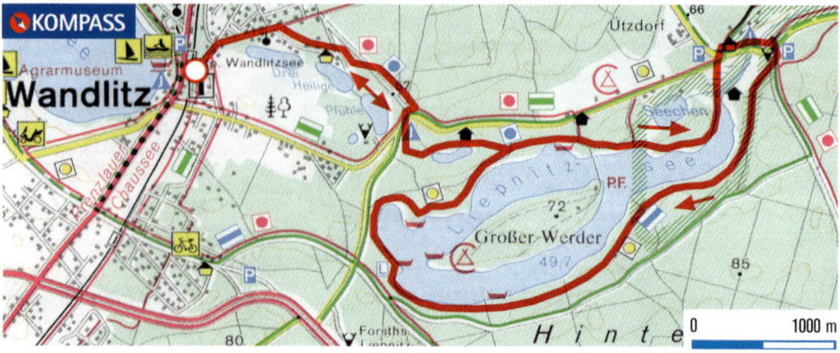

Liepnitzsee.

und folgen dem »Blaupunkt« durch ein sumpfiges Gebiet zum buchenwaldumgebenen **Liepnitzsee**. An der **Fähranlegestelle** vorbei führt der Blaupunkt-Weg ostwärts in den nur aus wenigen Häusern bestehenden Weiler **Ützdorf**, benannt nach einer bereits 1294 erwähnten Wassermühle, die bis Ende des 17. Jh. in Betrieb war. Die Ützdorfer Jugendherberge, die der Berliner Wandervogel-Verein 1920 errichtete, steht noch heute Wanderern und Erholungssuchenden zur Verfügung. In Ützdorf wenden wir uns auf der Wandlitzer Straße rechts, zweigen am Parkplatz beim Forsthaus rechts ab und folgen dem Weg am Südufer des **Liepnitzsees** an einer weiteren Fähranlegestelle vorbei. Parallel zum Uferweg verläuft auf dem Steilufer der Naturlehrpfad Liepnitzsee. Das Ufer mit seinen steilen Hängen vermittelt ein beeindruckendes Bild von den Kräften des Eises, das diese Rinne schuf. Buchen und Traubeneichen, oft mehrere 100 Jahre alt, bestimmen das Bild. Nach Passieren weiterer Badestellen erreichen wir wieder den 66-Seen-Weg und folgen ihm auf der bekannten Route an den Heiligen Pfühlen vorbei nach **Wandlitz**.

Liepnitzsee

Der von alten Buchenwäldern umgebene Liepnitzsee zwischen Wandlitz und Lanke ist einer der saubersten Badeseen Brandenburgs. Mitten in dem 3 km langen und bis zu 1 km breiten See liegt der Große Werder, eine 34 ha große Insel mit Campingplätzen und Badestellen.
Vom Nord- und vom Südufer des Liepnitzsees fährt stündlich eine Personenfähre zum Großen Werder.

Wandlitz – Stolzenhagen

Wandlitzer und Stolzenhagener Seen

Ausgangspunkt: Bahnhof Wandlitzsee. Anfahrt auf der A 11 Berliner Ring – Polen Ausfahrt Wandlitz.
Bahn: Die Heidekrautbahn (Niederbarnimer Eisenbahn) verbindet die Schorfheide und den Barnim mit Berlin(-Karow).
Gehzeit: Knapp 3 Std. (11 km) Rundwanderung.
Charakter: Uferpromenaden und Straßen, insgesamt fahrradfähig.
Einkehr: Wandlitz, Stolzenhagen.
Karte: Kompass Nr. 744.

Mit dem Wandlitzer und dem Stolzenhagener See macht diese Wanderung mit zwei der beliebtesten (Bade-)Seen im Naturpark Barnim bekannt.
Vor dem **Bhf. Wandlitzsee** überqueren wir die Prenzlauer Chaussee und gehen durch ein parkartiges Gelände zum **Strandbad** am **Wandlitzer See**; die Gebäude von Bahnhof und Strandbad wurden 1927/28 von Wilhelm Wagner im funktionalistischen Stil der Neuen Sachlichkeit errichtet und gelten als architektonische Sehenswürdigkeiten.
An der Badeanstalt wechseln wir dann rechts auf die Uferprome-

Stolzenhagen.

nade, wobei uns die Blaupunkt-Markierung des 66-Seen-Wegs die Route weist. Nach Passieren schöner Rast- und Aussichtsstellen wird der Wanderweg von Häusern auf die Straße gezwungen, zunächst Falkenkorso, dann längs der zuletzt rechts knickenden Philipp-Müller-Straße, an deren Ende wir die Badestelle am **Stolzenhagener See** erreichen und hier auf die Seepromenade wechseln.

Mit Wasser des Stolzenhagener Sees wurde der Überlieferung zufolge vor dem Zweiten Weltkrieg das berühmte Stolzenhagener Weißbier gebraut.

Bei einer Gaststätte mündet die Promenade auf die Bastorfer Straße, der wir rechts folgen. Schon nach 100 m verlässt uns die Blaupunkt-Markierung des 66-Seen-Wegs links in Richtung Wensickendorf, während wir geradeaus weiter in das Angerdorf **Stolzenhagen** mit der weithin sichtbaren Kirche laufen. Hinter der Kirche an der Durchgangsstraße kurz rechts (Lanker Chaussee), bis rechts die Straße am See abzweigt.

Zwischen dem Stolzenhagener Forst und den Ufergrundstücken führt sie zurück Richtung Südbucht, wo wir beim Restaurant Waldhaus wieder auf die Philipp-Müller-Straße und die Blaupunkt-Markierung treffen und ihr auf der bekannten Route längs des **Wandlitzer Sees** zurück zum Ausgangspunkt folgen.

Birkenwerder – Briesetal

Durch das naturschöne Briesetal

Ausgangspunkt: Parkplatz im Birkenwerder Ortsteil Kolonie Briese an der Waldschule bzw. am Briesesee. Anfahrt A 10 Berliner Ring Nord Ausfahrt Birkenwerder.
S-Bahn: Der S-Bahnhof Birkenwerder befindet sich 20 Gehminuten vom Ausgangspunkt.

Gehzeit: Knapp 3 Std. (11 km) Rundwanderung.
Charakter: Waldwanderung auf teils sandigen Wegen und Pfaden.
Einkehr: Imbiss am ehemaligen Forsthaus Wensickendorf.
Karte: Kompass Nr. 743.

Der naturnahe Abschnitt des Briesetals zwischen Briesesee und dem ehemaligen Forsthaus Wensickendorf zählt zu den schönsten Wandertälern nördlich von Berlin. Beidseits des Bachs verlaufen Wanderwege, so dass man auf dem Hin- und dem Rückweg verschiedene Perspektiven hat.
Die **Waldschule Briesetal** am Ausgangspunkt dient der Umweltbildung, hauptsächlich von Schüler- und Jugendgruppen. In diesem Naturlehrkabinett ist viel Wissenswertes über den Wald als Lebensraum und Ökosystem und insbesondere über das Briesetal zu erfahren. Von der Waldschule wurde auch der Naturlehrpfad durch das Briesetal gestaltet.
Hinter der Waldschule treten wir in das **Briesetal** ein und folgen

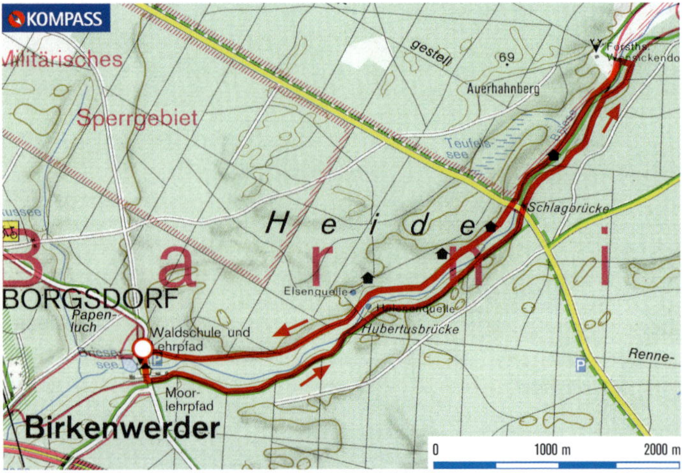

Briesetal.

dem Flüsschen auf der linken Seite aufwärts; die Route ist ein Teil des mit dem Zeichen »Blaupunkt« markierten 66-Seen-Wegs (auch: Rotstrich-Markierung).
Nach einer guten Stunde laden Bänke und Schutzhütte an der **Hubertusbrücke**, einer kleinen Holzbrücke, zur Rast. Weiter geht es am linken Ufer auf dem teils sandigen Weg, der sich nach Queren der Straße an der **Schlagbrücke** fortsetzt. Am ehemaligen **Forsthaus Wensickendorf** besteht Imbiss-Möglichkeit zwischen grasenden Pferden und Eseln, geöffnet ist je nach Wetter, von Frühjahr bis Herbst gibt es zumindest an Wochenenden Blechkuchen und Herzhaftes.
Hier wechseln wir über die Briese und wandern am rechten Ufer des Flüsschens zurück zum **Briesesee**.

Landschaftsschutzgebiet Briesetal

Das als Landschaftsschutzgebiet ausgewiesene Briesetal zwischen Wandlitz und Birkenwerder im Naturpark Barnim zählt zu den naturschönsten Tälern nördlich von Berlin. Grüne Wiesenfluren wechseln mit Erlenbrüchen und artenreichen Wäldern, längs des Flüsschens haben sich Moore gebildet. Die 16 km lange Briese entspringt im Wandlitzsee, fließt durch den Rahmersee, den Lubowsee und den Briesesee, schlängelt sich dann durch Birkenwerder und mündet in die Havel; auf ihrem windungsreichen Lauf durch das von eiszeitlichen Gletschern geformte Land überwindet sie einen Höhenunterschied von knapp 18 m. Der Name Briese stammt wahrscheinlich vom altslawischen Wort Breza und bedeutet Birke. Am Briesesee gibt es seit 1928 eine Badestelle.

Neuruppin – Altfriesack – Wustrau

Am Ruppiner See

Ausgangspunkt: Bahnhof Neuruppin-Rheinsberger Tor bzw. Anleger der Fahrgastschiffe. Anfahrt auf der A 24 Berlin – Hamburg Ausfahrt Neuruppin.
Bus/Bahn/Schiff: Von Wustrau besteht direkte Busverbindung nach Neuruppin. Direkte Bahnanbindung nach Neuruppin hat auf unserer Strecke nur der etwas abseits vom Weg gelegene Bahnhof Radensleben. Schiffsverbindungen von Wustrau nach Neuruppin gibt es derzeit nur zu besonderen Anlässen (Feiertage usw.).
Gehzeit: Knapp 5 Std. (18 km).
Charakter: Aussichtsreiche Uferwanderung.
Einkehr: Neuruppin, Wuthenow, Gnewikow, Karwe, Altfriesack, Wustrau.
Karte: Kompass Nr. 743.

Wustrau

Schloss Wustrau (Deutsche Richterakademie) im gleichnamigen Angerdorf am Südende des Ruppiner Sees wurde ab 1750 als Besitz der Gutsherrenfamilie von Zieten errichtet, deren bekanntestem Spross, dem preußischen Reitergeneral Hans Joachim von Zieten, 1999 ein Denkmal errichtet wurde. Der zum Schloss gehörende Landschaftspark am Seeufer wurde um 1830 angelegt. Die im Kern spätgotische Feldsteinkirche wurde 1781 erneuert. Im Jahr 2000 wurde in der Eichenallee bei der im Kern spätgotischen Dorfkirche das Brandenburg-Preußen Museum eröffnet; es dokumentiert den Aufstieg der »märkischen Streusandbüchse« zur »europäischen Großmacht«.

Der Uferwanderweg längs des Ruppiner Sees von Neuruppin über Wuthenow zum Schloss Wustrau zählt zu den reizvollsten Bran-

Am Ruppiner See.

denburg-Etappen des E 10 nördlich von Berlin.

Beim **BürgerBahnhof Rheinsberger Tor** wechseln wir auf dem **Seedamm** ans Ostufer des **Ruppiner Sees**, gehen die Treppe hinunter und folgen dem Bernusufer aussichtsreich zum Hotel **Waldfrieden** in der Lindenallee; wer nicht am Bahnhof, sondern am Fahrgastschiffsanleger startet, kann bis hier mit dem Schiff fahren. Unweit des Hotels befindet sich auch eine Badestelle. Am Waldfrieden gibt es einen Fahrradverleih, die »Ziethen-Route« rund um den Ruppiner See ist ca. 30 km lang (die Uferpfade sind nicht mit dem Rad befahrbar!).

Vom Waldfrieden folgt der E 10 (»Blaustrich«) der Lindenallee zwischen Gärten und Häusern am Ufer der **Lanke** entlang zur Wuthenower Straße und dieser rechts nach **Wuthenow**, bekannt durch Fontanes Roman »Schach von Wuthenow«. Hier geht es auf der Dorfstraße rechts, bis die Blaustrich-Markierung links zeigt und durch Felder auf eine Hochspannungsleitung zusteuert: Dort wechseln wir auf den Uferpfad und haben bis **Gnewikow** eine der schönsten Passagen dieser Wanderung vor uns. In Gnewikow laden an einer Badestelle Wiese, Tisch und Bänke zur Rast, weiter geht es am Ufer bis **Seehof**, wo der Wanderweg für 1 km auf die Dorfstraße gezwungen wird, ehe es auf dem Uferweg weitergeht in das Kirchdorf **Karwe** (Bushaltestelle). Hier wechselt der E 10 auf die Lange Straße, einer Lindenallee am Ende rechts an der Schleuse des idyllischen Dorfs **Altfriesack** vorbei und im Dorf rechts (Rhingarten) zu einer Badestelle am See. Wenig später haben wir **Wustrau** erreicht, wo der Bus nach Neuruppin zurückfährt.

Kloster Lindow – Wutzsee

Rund um den Wutzsee

Ausgangspunkt: Klosterruine am Wutzsee. Anfahrt auf der A 24 Berlin – Hamburg Ausfahrt Neuruppin, weiter auf der B 167 durch Neuruppin und abzweigen nach Lindow.
Bus: ORP (Ostprignitz-Ruppiner Personennahverkehrsgesellschaft.
Gehzeit: Knapp 2 Std. (8 km).
Charakter: Waldwanderung auf insgesamt fahrradfähigen Wegen.
Einkehr: Lindow.
Karte: Kompass Nr. 743.

Von der Klosterruine der Drei-Seen-Stadt Lindow führt diese Wanderung auf einem Naturlehrpfad durch die prachtvollen Laub- und Mischwälder rund um den Wutzsee.
Der Wutzsee ist der am östlichsten gelegene der drei Seen, zwischen denen der Luftkurort Lindow im Naturpark Stechlin-Ruppiner Land liegt. Motorboote sind auf dem 3 km langen und bis zu 300 m breiten See nicht zugelassen, am Südufer gibt es zwei Badestellen, am Nordufer einen Campingplatz.

Von der efeuumrankten Ruine des **Klosters Lindow** am Wutzsee folgen wir dem Westufer des Sees zur **Klostermühle** und sehen nach Passieren des Restaurants **Klosterblick** eine Übersichtstafel des Naturlehrpfads rund um den **Wutzsee**.
Hinter den letzten Häusern erreicht man schon die erste Badestelle am See, dahinter taucht der Wanderweg in die Wälder auf dem Steilufer hoch über dem See ein.
Den Zufluss überqueren wir auf der **Baumgartenbrücke** und ge-

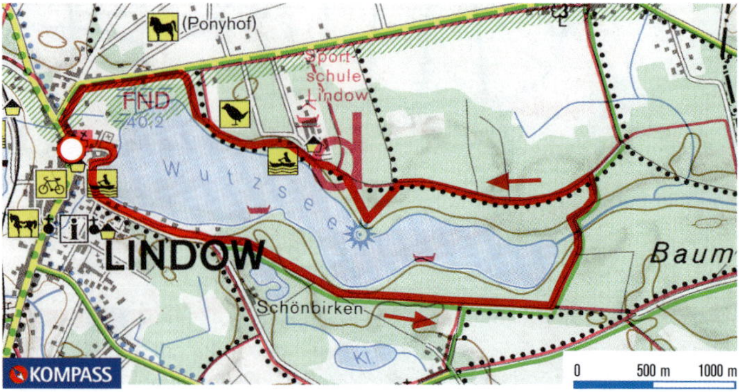

Die Klosterruine von Lindow.

langen wenig später zum **Hexentanzplatz**. Bald nach Passieren des **Sport- und Bildungszentrums Lindow**, der Sportschule des Landessportbunds Brandenburg, mündet der Wanderweg auf die Granseer Straße und führt uns zurück nach **Lindow**.

Kloster Lindow und die schöne Nonne

Die efeuumrankten Ruinen des Nonnenklosters am Wutzsee zeugen von einem der im Mittelalter reichsten Klöster der Mark. Gegründet wurde es um 1230 von Graf Gebhardt I. von Arnstein, der sich auch Graf von Lindow nannte und mit der Burg Ruppin belehnt war. Das vermutlich dem Zisterzienserorden angehörige Kloster wurde im Jahre 1541 in ein lutherisches Damenstift umgewandelt, während des Dreißigjährigen Kriegs legten kaiserlich-katholische Truppen die Gebäude 1638 in Schutt und Asche. In den Parkanlagen rund um das Kloster befindet sich auch der Friedhof mit den Grabsteinen der Stiftsdamen.

Alljährlich am ersten Septembersonntag ist die frei zugängliche Ruine Schauplatz von Literatur- und Musikveranstaltungen. Mit der Klosterruine verbunden ist die Sage von der schönen Nonne. Verliebt in einen Jüngling von niederem Stand, wurde das Edelfräulein von den Eltern in das Lindower Kloster verbracht. Der Geliebte aber schabte und kratzte so lang an den Klostermauern, bis er mit der Angebeteten fliehen konnte. Spurlos verschwanden die beiden und ertranken, wie die einen meinen, im Wutzsee, während andere wissen wollen, dass ihnen die Flucht durch die Moore gelang. Zur Mitternachtsstunde aber ist dort, wo die Liebenden die Klostermauer überwanden, ein Kratzen und Schaben zu hören. Beim Lindower Stadtfest wird alljährlich eine junge Frau zur »schönen Nonne von Lindow« gekürt.

33

Stendenitz – Molchow – Neumühle

Im Süden der Ruppiner Schweiz

Ausgangspunkt: Waldmuseum Stendenitz. Anfahrt A 24 Berlin – Hamburg Ausfahrt Neuruppin, weiter nach Neuruppin und dort abzweigen via Gühlen-Glienicke/Rheinsberg.
Schiffahrt: Siehe Wanderung 32.

Gehzeit: Gut 3 Std. (13 km) Rundtour.
Charakter: Waldwanderung auf bequemen Wegen und auf Pfaden.
Einkehr: Stendenitz, Molchow.
Karte: Kompass Nr. 743.

Vom Waldmuseum Stendenitz erwandern wir die Seen im Süden der Ruppiner Schweiz.

Vom **Waldmuseum** folgen wir der Blaustrich-Markierung des E 10 auf dem Fahrweg kurz südwärts; statt diesen Weg zu nehmen, kann man auch rechts in den Wald zu den beiden kleinen **Kellenseen** wandern; südlich des zweiten gelangt man dann wieder auf den E 10. Wo der Fahrweg (Dorfstraße) links knickt, taucht der E 10 rechts in die Wälder am Westufer des **Tetzensees** ein. Rechts des Wegs befindet sich im Wald das **Stendenitzer Hochmoor**. Anfangs durch Mischwald, vorübergehend in einem Kiefernforst, dann wieder in schönen Laubwäldern führt der

Das Waldmuseum in Stendenitz am Zermützelsee.

Weg südwärts, wobei sich der See meist hinter den Bäumen versteckt. Schließlich erreichen wir nach Passieren von Datschas das Rundlingsdorf **Molchow**, überqueren auf schmaler Brücke den Rhin zwischen Tetzen- und Molchowsee und erreichen den mit Laubbäumen bestandenen Dorfplatz. Dahinter geht es rechts weiter, zunächst auf der Alt-Ruppiner-Straße, dann auf einem Waldweg am **Molchowsee**. In Neumühle überqueren wir bei der Schleuse Alt Ruppin den Rhin und wandern am Westufer des Molchowsees zurück nach **Molchow**, dann auf dem bekannten Weg westlich des **Tetzensees** zurück zum **Waldmuseum Stendenitz**.

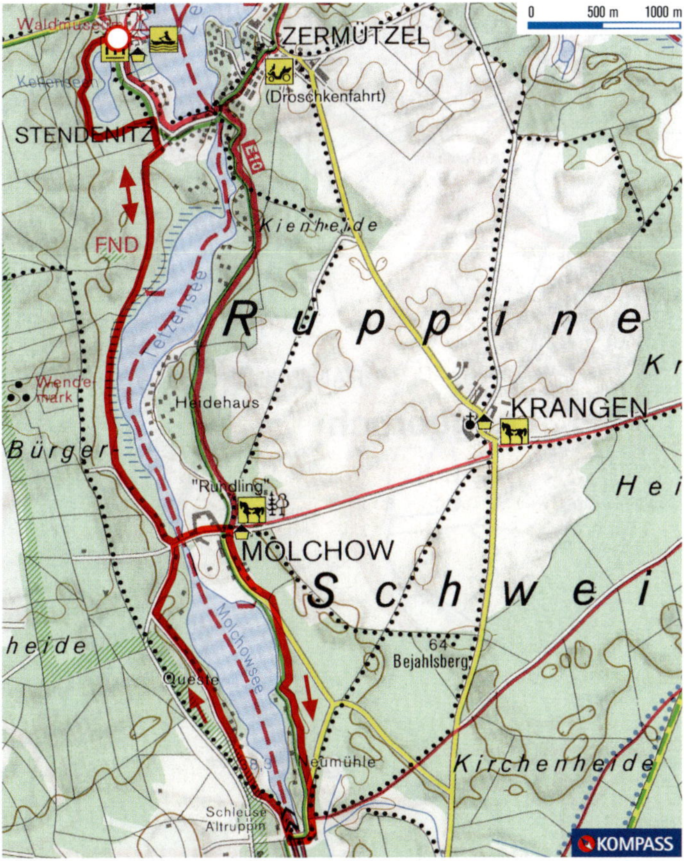

34

Kunsterspring – Kochquelle

Zur »kochenden« Quelle im Kunstertal

Ausgangspunkt: Parkplätze am Heimattierpark Kunsterspring oder Bushaltestelle Waldarbeiterschule. Anfahrt A 24 Berlin – Hamburg Ausfahrt Neuruppin, weiter nach Neuruppin und dort abzweigen via Rheinsberg.
Bus: Bushaltestelle Waldarbeiterschule in Kunsterspring; Kunsterspring gehört zum Dorf Gühlen-Glienicke, einem Ortsteil der Stadt Neuruppin.
Gehzeit: 2 Std. (7 km) Rundwanderung.
Charakter: Waldwanderung auf bequemen Wegen und auf Pfaden.
Einkehr: Heimattierpark Kunsterspring.
Karte: Kompass Nr. 743.

In der reich gegliederten Endmoränen- und Sanderlandschaft westlich des Tornowsees hat die Kunster ein Schluchttal ausgewaschen, dessen Steilhänge bis zu über 25 m aufragen. Auf 1,5 km Länge fällt das Tal 7 m ab, aus zahlreichen Quellnischen fließen der Kunster weitere Bäche zu, die berühmteste Quelle ist die Kochquelle, eine »brodelnde« Quelle. Durch das Tal führt ein Naturlehrpfad, der zu den schönsten der Ruppiner Schweiz zählt. Der Naturlehrpfad zur Kochquelle beginnt ein wenig versteckt: Aus dem **Tierpark Kunsterspring** an die Straße tretend, geht man rechts hinab und zweigt nach Passieren einer Fischräucherei links auf den Lehrpfad ab. Am verwildernden **Kunsterteich** entlang geht es aufwärts im Wald, wobei der Fontane-Weg derselben Route folgt. Oberhalb des Kunsterteichs lädt am Rand eines Bruchwalds eine Sitzbank zum Verweilen ein, auf der anderen Seite des Bachs steht eine Schutzhütte, erreichbar auf einer Holzbrücke.

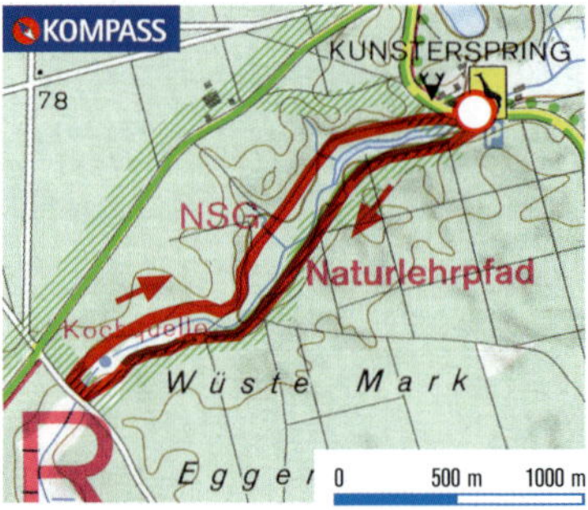

Fontane-Weg und Naturlehrpfad folgen dem Bach weiter aufwärts auf schönen Waldpfaden, ein Seitenbach wird auf einer Stegbrücke überquert, auffallend ist auch die völlige natürliche Stille im Naturschutzgebiet.

Der Weg führt an der **Großen Fichte** vorbei, einer mehrhundertjährigen Rotfichte, dann fällt der Blick zwischen den Bäumen hinaus auf eine große Feuchtwiese, die **Liebeswiese**. Oberhalb der Wiese geht es weiter aufwärts im Hang des tief und steil eingeschnittenen Bachtals, in das sich aus Quell-

Von Kunsterspring zur Kochquelle führt auch der Fontane-Wanderweg.

trichtern im Hang weitere Bäche ergießen. Schließlich stehen wir vor der auf einer Holzbrücke erreichbaren **Kochquelle**, einer Brodelquelle. Das Blubbern des 8° C kalten Wassers entsteht, weil das Wasser von unten nach oben quillt und dadurch Sand aufwirbelt. Eine Sitzbank lädt an diesem ruhigen Ort zum Verweilen ein. Von der Kochquelle führt der Naturlehrpfad auf der linken Seite des Kunstertals durch Buchenwälder zurück. Auch auf dieser Seite finden sich Quelltrichter, kurze Abstecher sind ausgeschildert zur Liebeswiese und zu einer alten Kiefer sowie zur **Margarethenruh** in der eindrucksvollsten Seitenschlucht: Mit Blick auf den sich in einem Talkessel mehrfach verzweigenden Bach, der bei hohem Wasserstand die auf Inseln stehenden Bäume umtost, lädt oben auf dem Steilhang eine Sitzbank zur Rast. Gleich darauf bietet eine Schutzhütte Unterschlupf bei Regen, wenig später sind wir zurück am **Kunsterteich** und in **Kunsterspring**.

Heimattierpark Kunsterspring

In Kunsterspring befindet sich der Tierpark der Fontane-Stadt Neuruppin. Hier leben mehr als 400 meist einheimische Tiere in natürlich gestalteten Gehegen und Anlagen. Besondere Attraktionen für die großen und kleinen Gäste sind das Streichelgehege sowie die Fütterungen der Fischotter, Steinmarder, Frettchen, Waschbären, Wildkatzen und Luchse.

Boltenmühle – Rottstiel – Binenwalde

Im Norden der Ruppiner Schweiz

Ausgangspunkt: Ausflugsrestaurant Boltenmühle nördlich von Neuruppin. Anfahrt auf der A 24 Berlin – Hamburg Ausfahrt Neuruppin, weiter nach Neuruppin und dort abzweigen Richtung Gühlen-Glienicke/Rheinsberg.

Gehzeit: 4 Std. (15 km).
Charakter: Waldwanderung auf bequemen Wegen und auf Pfaden.
Einkehr: Boltenmühle, Am Rottstielfließ.
Karte: Kompass Nr. 743.

Von der Boltenmühle im Herzen der Ruppiner Schweiz aus umrunden wir in teilweise uralten Buchenwäldern den Tornow- und den Kalksee. Der Gasthof **Boltenmühle** am Tornowsee zählt zu den beliebtesten Ausflugsrestaurants der Ruppiner Schweiz. Da das Fachwerkrestaurant, durch dessen Gaststube der Binenbach fließt, inzwischen auch in Funk und Fernsehen bekannt wurde, ist es an schönen Wochenenden nicht gerade wenig

besucht. Die 1718 als Schneidemühle errichteten Gebäude brannten 1992 nieder und wurden nach dem alten Vorbild wieder aufgebaut. Außer dem Restaurant und dem separaten Unterkunftshaus gibt es einen Boots- und einen Fahrradverleih. Wer es bequemer liebt, kann sich im Kremser kutschieren lassen, auch Linienschiffe von Neuruppin steuern die Boltenmühle an.

Von der **Boltenmühle** führt der »Blaustrich« des E 10 auf einem Forstweg durch die Buchenwälder am Ostufer des **Tornowsees**. Da der Weg über dem Steilufer verläuft, bieten sich schöne Ausblicke. Der 132 ha große Tornowsee ist das nördlichste schiffbare Gewässer der Ruppiner Seenkette. Die Zuflüsse des von schönen Altbuchenbeständen und von reicher Feuchtvegetation umgebenen Sees sind im Norden der Binenbach vom Kalksee und im Westen die Kunster. Über das Rottstielfließ entwässert er zum Zermützelsee, in den von Osten der Lindower Rhin einmündet.

Die Boltenmühle.

Im Südbuchtbereich befinden sich Campingplatz, Badestelle und Restaurant **Am Rottstielfließ**. Wenig später erreichen wir das **Forsthaus Rottstiel**. Während der E 10 hier südwärts in Richtung Stedenitz/Neuruppin weiterführt, wandern wir am Westufer des Tornowsees weiter durch den Wald. Bald nach Passieren des Campingplatzes Zanderblick überqueren wir den Kunsterbach auf einer Brücke und gelangen wenig später an eine Verzweigung am Fuß des **Weilickenbergs**: Rechts gelangt man direkt zurück zur Boltenmühle, während wir uns links via Binenmühle/Gühlen-Glienicke wenden und an der nächsten Verzweigung den Weg rechts am **Kalksee** entlang nach **Binenmühle** nehmen; die ehem. Mühle ist benannt nach der schönen Sabine, der Frau des Ortsgründers (1753), des Försters Ernst Ludwig Cusig; im Kalten Krieg wurde ihr Denkmal zerstört, seit 1999 wird es wieder hergestellt. Das Grab der schönen Sabine, mit der Kronprinz Friedrich (der Große) nicht näher genannte Abenteuer gehabt haben soll, wird unter der **Sabinenbuche** auf dem Friedhof vermutet. Wir verlassen Binenwalde am Ostufer des Kalksees, passieren eine Badestelle und kehren längs des Binenbachs zurück zur **Boltenmühle**.

Mit dem Schiff zur Boltenmühle

Von Neuruppin besteht täglich Linienverkehr mit dem Schiff zur Boltenmühle. Das Schiff legt um 11 Uhr an der Uferpromenade in Neuruppin ab und fährt mit den Zwischenstopps Gildenhall (11 Uhr 20), Alt Ruppin (11 Uhr 30), Molchow (12 Uhr) und Waldschenke Stendenitz (12 Uhr 30) zur Boltenmühle (13 Uhr 30) und ist dann um 18 Uhr 10 zurück in Neuruppin.

Schloss Rheinsberg – Warenthin

Auf dem Poetensteig durch den Fantasiegarten

Ausgangspunkt: Schloss Rheinsberg. Anfahrt auf der A 24 Berlin – Hamburg Ausfahrt Neuruppin, weiter nach Neuruppin und Richtung Rheinsberg.
Bahn: DB-Bahnhof Rheinsberg.
Gehzeit: 2½ Std. (10 km) Rundwanderung.
Charakter: Bequeme Park- und Waldwanderung.
Einkehr: Rheinsberg, Warenthin.
Karte: Kompass Nr. 743.

Der Rheinsberger Schlossgarten an den Ufern von Grienericksee und Rheinsberger See ist der hervorragendste Landschaftspark im Norden von Berlin; auch der E 10 führt durch dieses fantastische Gartenreich, folgt man ihm weiter, gelangt man nach Zechlinerhütte und kann mit dem Bus zurückfahren.

Der Rheinsberger Schlossgarten ist ein dreiteiliges Park- und Gartenreich, das überwiegend von Friedrichs d. Gr. Bruder, Prinz Heinrich, ab 1752 am Ufer des Grienericksees und unter Einbeziehung von Teilen des Rheinsberger Sees angelegt wurde.

Der älteste Teil umfasst das unter Friedrich d. Gr. angelegte geometrische Schlossparterre und den

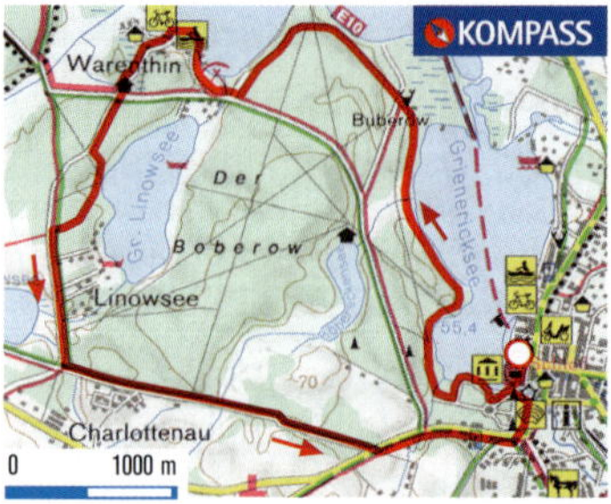

barocken »Lustgarten« südlich der Schlossinsel. Prinz Heinrich erweiterte den Lustgarten durch Einbau zahlreicher Staffage- und Parkbauten (Altäre, Tempel, sieben Einsiedeleien, ein Karussell, Gondelhafen mit Leuchtturm usw.) und des Heckentheaters und gestaltete den »Boberow« genannten Buchenwald 1753–72 durch ein sternförmig geschlagenes Alleensystem zum Boberow-Park um (prinzliches Forsthaus 1768).

Die zwischen dem Lustgarten und dem Boberow-Park gelegenen Bürgeräcker (sog. Boberow-Kabeln) kaufte er auf und ließ sie zu einer »ferme ornée« (geschmückte Landwirtschaft) umgestalten, auf der Remusinsel im Rheinsberger See entstand ein chinesischer Tempel. Nach dem Tod des Prinzen, der 1802 in einer Pyramide am Standort eines ehem. chinesischen Karussells beigesetzt wurde, verfiel dieses fantastische Gartenreich, zahlreiche Bauwerke wurden abgetragen.

Vom Schlossparterre vor **Schloss Rheinsberg** schweift der Blick über den waldumgebenen Grienericksee hinüber zu den Terrassenanlagen mit dem Obelisken, während sich am Südufer die Feldsteingrotte zeigt. Vor dem Südflügel des Schlosses führt die Schlossgartenbrücke über den hier aus dem See austretenden Rhin zur Hauptallee des Gartens; links befindet sich die Grabpyramide des Prinzen Heinrich († 1802) und das **Heckentheater**, ein 1758 durch Bäume und Hecken gestaltetes Freilichttheater, in der heute Aufführungen der Kammeroper Schloss Rheinsberg und Konzerte veranstaltet werden.

Die Freitreppe der Hauptallee wird von zwei **Sphingen** (1741) bewacht, die angeblich die Gesichtszüge von Madame Pompadour und Kaiserin Maria Theresia zeigen. Kurz nach Passieren der Sphingen kreuzt die Querachse des Parks; sie führt rechts zum in der Mitte eines ellipsenförmigen Platzes stehenden **Gartensalon** (1740), einem Pavillon, der ursprünglich als Mittelteil einer Orangerie geplant war.

Durch das **Heckenparterre** gelangt man halb rechts weiter zur dreizelligen Feldsteingrotte am See. Die **Egeriagrotte** (1790) am Westende der Querallee ist weitgehend verschwunden. Hier geht es rechts weiter zu den Terrassenanlagen mit dem Obelisken, wo sich ein einmaliger Blick zurück zum Schloss öffnet; der **Obelisk** (1791) trägt die Namen von Generälen, die nach Meinung des Prinzen Heinrich von seinem Bruder Friedrich d. Gr. nicht gebührend gewürdigt worden waren.

Von den Terrassenanlagen führt der »Poetensteig« parallel zum Ufer des Grienericksees zum prinzlichen **Forsthaus Boberow** und weiter am Ufer des Rheinsberger Sees entlang in das idyllisch gelegene Dorf **Warenthin**; hier besteht Bademöglichkeit im **Großen Linowsee**.

In Warenthin sehen wir die Markierung des E 10, dem man von hier aus nach Zechlinerhütte bzw. zurück durch den **Boberow-Park** in Richtung der Terrassenanlage folgen kann. Wir folgen dem Weg westlich des Linowsees durch den Wald und stoßen auf den als Rad- und Wanderweg umgestalteten Alten Kleinbahndamm; er führt links zurück in Richtung Schloss; dort betreten wir durch das Gartenportal wieder den Schlossgarten und kehren zurück zum Ausgangspunkt.

Schloss Rheinsberg.

Kölpinsee – Wittwesee

Zauberhafte Klarwasserseen im Naturschutzgebiet Stechlin

Ausgangspunkt: Parkplatz an der Waldschänke an der Straße von Rheinsberg nach Fürstenwalde.
Anfahrt auf der A 24 Berlin – Hamburg Ausfahrt Neuruppin, weiter nach Neuruppin und Richtung Rheinsberg. In Rheinsberg Richtung Fürstenwalde abzweigen.
Gehzeit: 3½ Std. (14 km) Rundwanderung.
Charakter: Bequeme Waldwanderung auf fahrradfähigen Wegen.
Einkehr: Keine.
Karte: Kompass Nr. 743.

Kölpinsee und Wittwesee zählen zu den naturschönsten Klarwasserseen bei Rheinsberg, am Wittwesee finden sich auch mehrere Badestellen. So schön die Wanderung auch ist: Wegen fehlender Markierungen im Ostuferbereich von Kölpin- und Wittwesee kann man sich hoffnungslos verirren, weshalb hier die etwas längere, dafür aber gut ausgeschilderte und markierte Hauptroute empfohlen wird; sie ist fast durchgehend fahrradfähig.
Von der **Waldschänke**, einer derzeit geschlossenen Gaststätte an der Deutschen Tonstraße, führt der »Sonnenweg« waldeinwärts in das **Naturschutzgebiet Stechlin**, schwingt vor einer Brachwiese rechts und erreicht eine Wegekreuzung, an der wir rechts zum Kölpinsee weiterwandern. Schon bald ahnen wir hinter einem

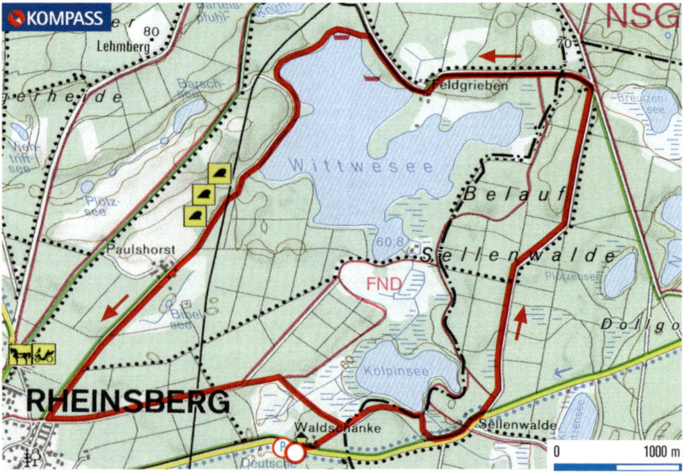

Kölpinsee.

Bruchwald- und Schilfgürtel den See, dann bietet sich ein wunderschöner Blick auf das stille Angelgewässer. Schließlich verschmälert sich der Weg zu einem Pfad, der sich halb rechts am Rand der Bruchzone entlangschlängelt und zur Straße führt. Ihr folgen wir auf dem Rad- und Wanderweg am Rand des sumpfigen Bruchwalds kurz links (Grünstrich-Markierung) bis zur Rechtskurve beim ehemaligen Forsthaus **Sellenwalde**. Hier befindet sich links eine detaillierte Wanderwege-Informationstafel bei einem nicht ausgeschilderten Parkplatz; direkt neben der Infotafel führt ein unmarkierter Weg in den Wald hinein. Der mit dem Grünstrich markierte und namentlich ausgeschilderte Weg hingegen setzt sich wenige Meter weiter rechts in der Kurve fort: Ein breiter Forstweg, der durch Wälder und Kiefernforste führt, bis schließlich der »Abzweig Wittwesee« erreicht ist, hier geht es auf einem Fahrweg links weiter nach **Feldgrieben** am **Wittwesee** (Markierung Blaustrich). Kurz hinter Feldgrieben kann man links auf den Uferweg abzweigen.

Der Wittwesee ist überwiegend von Schilfgürteln umgeben, westlich von Feldgrieben gibt es jedoch einige wunderschöne Badebuchten, an denen das Wasser frei zugänglich ist. Der Uferweg mündet schließlich auf einen Fahrweg (»Blaustrich«), der waldeinwärts führt, die stillgelegte Bahnlinie zum Kernkraftwerk überquert, an vier großen Findlingen vorbeiführt und bald hinter den Häusern von **Paulshorst** den Stadtrand von **Rheinsberg** erreicht. Hier wenden wir uns auf dem Sonnenweg links und kehren bald nach erneutem Überqueren der Bahngleise rechts zurück zur **Waldschänke**.

Menz – Roofensee

Wald- und Wassererlebnispfad rund um den Roofensee

Ausgangspunkt: Parkplatz an der Badestelle am Roofensee am westlichen Ortsrand von Menz; alternativ Parkplätze beim Naturparkhaus im Zentrum von Menz. Anfahrt auf der B 96 Berlin – Neustrelitz bis kurz vor Dannenwalde, dann Richtung Menz abzweigen.
Gehzeit: 3 Std. (6 km) Rundwanderung.
Charakter: Waldwanderung auf gelegentlich wurzeligen Wegen.
Einkehr: Menz.
Karte: Kompass Nr. 743.

Am Wald- und Wassererlebnispfad von Menz rund um den Roofensee können Wanderer an 20 Stationen viele interessante Dinge erfahren und erleben. Im Naturparkhaus ist für diesen Lehrpfad ein Begleitheft erhältlich.
Vom ausgeschilderten Parkplatz am westlichen Ortsrand von **Menz** gehen wir die Stufen hinab zur Liegewiese und Badestelle und sehen den waldumgebenen **Roofensee** in all seiner Pracht vor uns liegen. Die Markierungen Blaustrich und Blaupunkt führen links am bewaldeten Ufer entlang, meist auf dem Steilufer. Mit dem Bau des Polzowkanals (vom Stechlinsee zum Nehmitzsee und weiter zum Roofensee) und der Aufgabe des Staus an der Menzer Mühle wurde der Wasserstand des Roofensees abgesenkt. Nährstofffreisetzungen in den umliegenden Mooren und Abwassereinleitungen verschlechterten die Wasserqualität und durch den Neubau eines Staus am Roofenbach wurde der Wasserstand im See wieder angehoben. Dadurch er-

Roofensee.

höhte sich das Wasservolumen und die Wasserqualität im See, der heute eine Wasserfläche von 56 ha hat und zu den saubersten Badeseen Brandenburgs zählt.

Nördlich des Roofensees überquert der Wanderweg den **Polzowkanal** und erreicht eine Wegeverzweigung. Rechts geht es auf dem Wald- und Wassererlebnispfad nach Menz, es gibt jedoch auch eine reizvolle Verlängerung: Die Markierung »Grünstrich« führt parallel zum Polzowkanal zum stillen **Teufelssee**, schwingt am **Nehmitzsee** rechts zum **Gerlinsee** und führt durch stille Wälder zum **Stechlinsee**. Dort folgen wir dem Uferweg rechts bis zur großen Wegeverzweigung am ehemaligen **Fischerhaus** und kehren zurück zum **Roofensee**.

Naturparkhaus in Menz

Das Naturparkhaus Stechlin im Kirchdorf Menz ist das Ausstellungs- und Besucherzentrum des Naturparks Stechlin-Ruppiner Land. Die auf Familien ausgerichteten Ausstellungen sollen auf spielerische Weise mit dem Naturreichtum des Gebiets vertraut machen. Untergebracht ist das Zentrum im schon von Theodor Fontane erwähnten Gebäude der alten Oberförsterei.

Das Naturparkhaus hat täglich von 10 bis 18 Uhr geöffnet. Die Gemeinde Stechlin betreibt einen »Stechlin-Shuttle« zwischen dem dem Naturparkhaus und dem Stechlinsee.

Neuglobsow – Stechlinsee

Rund um den Stechlinsee

Ausgangspunkt: Neuglobsow (Gemeinde Stechlin). Anfahrt B 96 Berlin – Neustrelitz bis kurz vor Dannenwalde, dann via Menz abzweigen.
Bus: Busse ab Rheinsberg, Gransee und Bredereiche.
Gehzeit: 4 Std. (15 km).
Charakter: Waldwanderung auf zum Teil wurzeligen Wegen.
Einkehr: Neuglobsow.
Karte: Kompass Nr. 743.

Die Umrundung des unter Naturschutz stehenden Stechlinsees zählt zu den zauberhaftesten Wanderungen im Norden Berlins.
Aus dem Parkplatz tretend, folgen wir der Straße rechts durch den Wald in den ehemaligen Glashütten- und heutigen Erholungsort **Neuglobsow**, wo sich der Blick auf den Dagowsee öffnet. In einem historischen Doppelstuben-Fachwerkhaus, einer ehemaligen Glasmacherhütte an der Stechlinseestraße, ist das Restaurant **Fontanehaus** untergebracht; hier soll schon Fontane eingekehrt und Teile des »Stechlin«-Romans geschrieben haben. An Glasarbeiterhäusern vorbei und dann autofrei im Wald gelangen wir an den

Neuglobsower Liegewiese- und Badestrand, wo Sitzbänke mit schönem Blick über den von Wald eingefassten See zur Rast laden. Am Bootsverleih vorbei gehen wir links hinauf zum Rotstrichwanderweg und folgen ihm rechts durch mehrstufigen Buchen-Eichen-Wald, der als Totalreservat ausgewiesen ist. Parallel dazu führt unten am Ufer ein wurzeliger Weg entlang, er mündet vor der Messstelle des Bundesumweltamts auf den fahrradfähigen Hauptweg. An der Verzweigung beim ehemaligen **Fischerhaus** führt der Rotstrichweg rechts weiter, wobei der wurzelige Uferweg attraktiver ist. An der Verzweigung hinter der hölzernen **Leddernbrücke** über den Polzowkanal führt der Rotstrich durch sehr schönen Wald zum Gelände des ehemaligen **Kernkraftwerks Rheinsberg** und folgt dem Zaun rechts und gleich links zur Holzbrücke über den **Auslaufkanal**. Auf einem schönen Waldweg führt der Rotstrich weiter, an der Verzweigung rechts Richtung »Nordbucht« (Grünstrich). An der verlandenden **Nordbucht** mündet der E 10 auf den Stechlinsee-Rund-

Badestelle am Stechlinsee.

weg und verzweigt sich kurz hinter der **Sonnenbucht**-Badestelle: Die Uferwegvariante führt weiter am Ufer entlang (3 km), während die gleich lange Bergvariante in Buchenwäldern der Kante des Steilufers zum **Fenchelberg** folgt; die höchste Endmoräne am Stechlinsee gewährt an Sitzbänken einen exzellenten Blick auf den See. Wenig später passiert die Bergvariante eine überdachte Sitzgruppe und senkt sich hinab zur Badebucht von Neuglobsow.
Hier geht es links und zurück nach **Neuglobsow**.

Der sagenumwobene **Stechlinsee** ist der größte Klarwassersee Norddeutschlands und ein Naturparadies, in dem die Zeit stehen geblieben zu sein scheint. Bereits 1938 wurden der See und seine nähere Umgebung zum Naturschutzgebiet erklärt. Naturnahe Buchen- und Eichenwälder umgeben den 4,25 km² großen und bis zu 68 m tiefen Glazialsee, dessen Name Titel eines der bedeutendsten Gesellschaftsromane (1897) von Th. Fontane ist. Durch Teeröfen, Glashütten, Waldweide und Streunutzung wurden die Wälder im heutigen Naturschutzgebiet Stechlin in den vergangenen Jahrhunderten stark verändert. Schon im 17. Jh. wurde der Kleine Rhin zu einem Flößergraben, den Zeuthen-Kanal, umgebaut. Um die Transportverhältnisse in der Menzer Heide zu verbessern, wurde 1745–50 der Polzowkanal angelegt und dadurch der Wasserstand des Stechlinsees um fast 1,5 m abgesenkt. »Ehe dreißig Jahre um waren, war der ganze Menzer Forst durch Berliner Schornsteine geflogen«, charakterisiert Fontane in seinen »Wanderungen durch die Mark Brandenburg« treffend die Situation. Das 1966 in der Naturidylle am See in Betrieb genommene DDR-Kernkraftwerk Rheinsberg wurde 1990 abgeschaltet, seit 1995 wird der Meiler abgerissen, 2001 wurde der letzte noch vorhandene Kernbrennstoff in Castorbehältern abgefahren; die Abrissarbeiten sollen 2009 beendet sein.

Steinförde – Augustablick

Rund um den Peetschsee

Ausgangspunkt: Parkplatz an der Gaststätte Haveleck in Steinförde. Anfahrt B 96 Berlin – Neustrelitz bis Fürstenwalde/Havel, dort abzweigen nach Steinförde.
Bahn: Der nächste Bahnhof befindet sich in Fürstenberg.
Gehzeit: 2½ Std. (9 km) Rundwanderung.
Charakter: Waldwanderung teils auf Pfaden, meist auf bequemen (fahrradfähigen) Forstwegen.
Einkehr: Steinförde.
Karte: Kompass Nr. 743.

Von dem kleinen Feriendorf Steinförde an der Steinhavel führt diese stille Waldwanderung um den von Buchen eingefassten Peetschsee im Naturschutzgebiet Stechlin herum; das Wasser des 20 m tiefen und ca. 95 ha großen Sees hat Trinkwasserqualität. Rund um den See leben Ringelnattern!

Gegenüber der Gaststätte »Haveleck« in **Steinförde** führt die Blaustrich-Markierung des E 10 auf einer alten Kopfsteinpflasterchaussee Richtung »Peetschsee« in den Wald hinein. Von einer bald erreichten Schutzhütte führt der E 10 im Wald sacht aufwärts und zweigt dann halb links auf einen

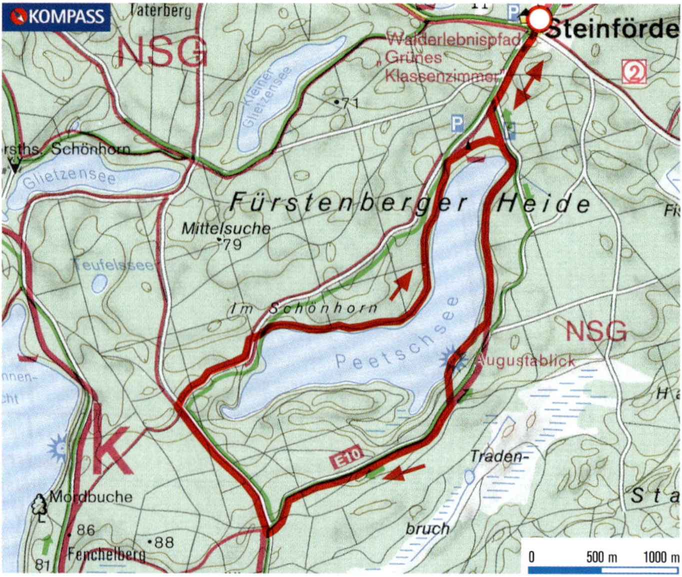

Am Augustablick hoch über dem Peetschsee lädt eine Schutzhütte zur Rast ein.

Forstweg Richtung »Augustablick« ab. Nach wenigen Minuten passieren wir einen Waldparkplatz – auf dem geparkt wird, auch wenn er nur auf dieser sehr holperigen Waldchaussee erreichbar ist – und folgen dann der Blaustrich-Markierung halb rechts hinab auf den **Peetschsee**-Uferweg.

Unter alten Buchen geht es links am Ufer entlang, mehrfach laden Sitzbänke zur Rast, an einigen Stellen besteht Bademöglichkeit. Schließlich ist der Uferweg »wegen des Urwaldcharakters« und der daraus resultierenden Gefahren durch umstürzende Bäume oder herabfallende Äste gesperrt – so jedenfalls argumentieren die Infotafeln –, und wir folgen dem Blaustrich links über Stufen hinauf zur Schutzhütte am **Augustablick**, benannt nach Großherzogin Augusta Caroline.

Hier bietet sich unter alten Buchen ein schöner Blick von oben auf den See. Vom Augustablick führt der Blaustrich im Buchenwald weiter Richtung Dagow, meist an der Abbruchkante des Steilufers. An der ersten großen Wegespinne verlassen wir den E 10 und folgen dem Asphaltweg rechts; es ist die Trasse des Radwegs Berlin – Kopenhagen, dem auch der Gelbstrich-Wanderweg folgt. Schließlich zweigt die Gelbstrich-Markierung rechts zum **Peetschsee** ab, den er an einer überdachten Sitzgruppe erreicht. Auf dem Uferweg geht es zu dem nach einem verdienstvollen Förster benannten **Achim-von-Arenstorff-Gedenkstein**, an dem letztmals Bademöglichkeit besteht, wenig später sind wir zurück am Waldparkplatz und folgen der holperigen Waldchaussee zurück nach **Steinförde**.

Fürstenberg – Bredereiche – Kloster Himmelpfort

Längs der jungen Havel

Ausgangspunkt: Bahnhof Fürstenberg/Havel. Anfahrt auf der B 96 Berlin – Neustrelitz bis Fürstenwalde/Havel.
Bahn/Bus: Bahn stündlich ab Berlin-Zoo via Berlin-Spandau und Oranienburg.
Gehzeit: 5 Std. (19 km) einfache Strecke.
Charakter: Wald-, Seeufer und Wiesentour.
Einkehr: Fürstenberg, Bredereiche, Himmelpfort.
Karte: Kompass Nr. 743.

Von der Wasserstadt Fürstenberg führt der E 10 längs des Stolpsees und der jungen Havel nach Bredereiche, von wo der Naturlehrpfad Morgenland havelaufwärts zum Kloster Himmelpfort leitet. Vom Bhf. **Fürstenberg/Havel** gehen wir stadteinwärts und erreichen nach Überqueren der Priesterhavel den Marktplatz mit dem Rathaus und der in gelbem Backstein errichteten Kirche der an einem Havelübergang zwischen Röblin-, Baalen- und Schwedtsee gelegenen Stadt. Östlich davon gelangen wir in den Stadtpark mit Blick auf den Schwedtsee; hier finden alljährlich die Bran-

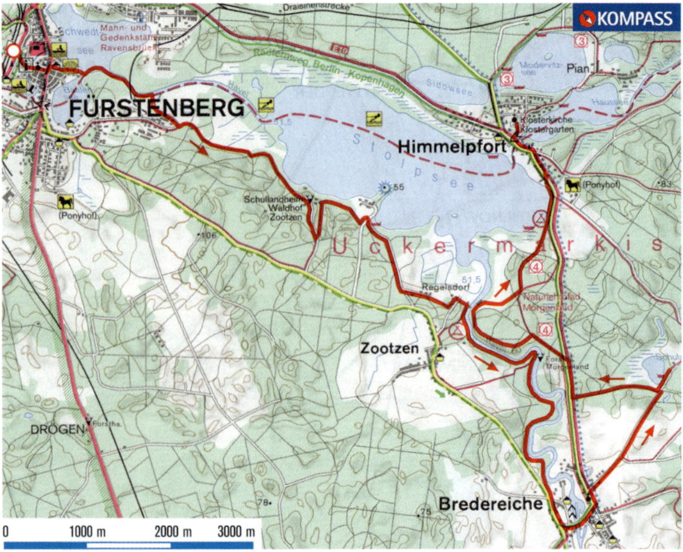

Fürstenberg: Ravensbrück.

denburger Wasserfeste statt. Auf der Fußgängerbrücke an der Gartenstraße – die gedeckte Holzbrücke symbolisiert das »Tor zur Seenplatte« – überqueren wir die Landenge zwischen Baalen- und Schwedtsee und folgen dem Ufer des Schwedtsees bzw. der hier austretenden **Siggelhavel** zum technischen Denkmal **Eisenbahnfähre**, die 1936–93 in Betrieb war. Nun verlässt der mit dem Zeichen »Grünstrich« markierte Wanderweg die Havel, tangiert ein Militärgelände und erreicht am Rand der verlandenden Stolpseewiesen das Schullandheim **Waldhof Zootzen**.

Nach Umgehen des Geländes geht es weiter in Seenähe zur Badestelle an der Krebsbucht und dann landeinwärts zu den Häusern von Regelsdorf, wo wir wieder auf die Havel treffen und dem Ufer des jungen Flusses nach Fürstenberg-**Bredereiche** (Bushaltestelle) folgen.

Hier wechseln wir auf der Straßenbrücke bei der **Schleuse Bredereiche** hinüber in den Kern des nach der »breiten Eiche« benannten Angerdorfs und zweigen kurz nach Passieren der Fachwerkkirche halb rechts zum **Schulzensee** ab, einem Naturbadesee, an dem die **Waldschänke** zur Einkehr lädt. Von der Badestelle gehen wir kurz zurück, zweigen rechts zur Straße ab und folgen ihr kurz Richtung Himmelpfort, bis links der Naturlehrpfad Morgenland zur Havel abzweigt und ihr in das Zisterzienserklosterdorf **Himmelpfort** folgt. Von dort fährt der Linienbus zurück nach Fürstenwalde.

Lychen – Woblitz – Himmelpfort

Auf dem Woblitz-Rundweg zum Kloster Himmelpfort

Ausgangspunkt: Marktplatz im Zentrum der Altstadt von Lychen. Anfahrt auf der B 96 Berlin – Neustrelitz bis Fürstenwalde / Havel, dort abzweigen nach Lychen.
Gehzeit: 4½ Std. (18 km) Rundtour.
Charakter: Waldwanderung.

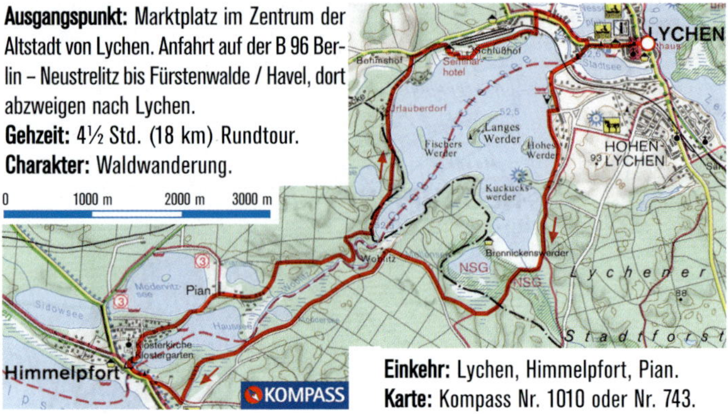

Einkehr: Lychen, Himmelpfort, Pian.
Karte: Kompass Nr. 1010 oder Nr. 743.

Von der Sieben-Seen-Stadt Lychen führt der Woblitz-Rundweg längs mehrerer Seen zur eindrucksvollen Ruine des Klosters Himmelpfort, einer der unter Kindern bekanntesten Adressen Deutschlands: Hier wohnt der Weihnachtsmann.

Vom **Marktplatz** in **Lychen** führt die Fürstenberger Straße hinab durch die Reste des **Fürstenberger Tors**, wo sich auch die Tourist-Info befindet. Hinter dem Fürstenberger Tor erstreckt sich rechts der **Friedrich-Ebert-Park** mit einem Bootsverleih am **Nesselpfuhl**, während wir dem »Grünstrich« des Woblitz-Rundwegs geradeaus durch die Berliner Straße, eine Kastanienallee, folgen. An der Post gehen wir über den Parkplatz, biegen in den Gartenweg ein und erreichen in der Hohestegstraße die Anlegestelle des Fahrgastschiffs am **Stadtsee**; hier kann man sich überlegen, ob man mit dem Schiff nach Himmelpfort fährt. Auf der Hohestegbrücke stehend, sehen wir links den Stadtsee in seiner ganzen Größe, während uns rechts der **Große Lychensee** entgegenblinkt. An seinem Ufer führt der Woblitz-Rundweg ca. 2 km entlang auf einer von Weiden gesäumten Promenade, die am Strandbad, am Seehotel und der Gaststätte »Großer Lychen« vorbeiführt, Rastbänke laden dazu ein, die immer wieder neuen Ausblicke auf den See mit seinen drei bewaldeten Inseln und seinen schilfbestandenen, waldgesäumten Ufern zu genießen.

Schließlich verlässt der Woblitz-Rundweg in der Nähe des Ferienhausparks **Brennickenswerder** das Ufer und führt am Naturschutzgebiet **Mellensee** mit seinen

Feuchtwiesen, Mooren und urwüchsigen Wäldern entlang.
Schließlich erreicht der Grünstrich-Wanderweg die **Naturschutzstation Woblitz**, die in einem alten Forsthaus untergebracht ist; hier werden Raubvögel beobachtet, erfasst und geschützt, geführte Wanderungen, Tierbeobachtungs-Exkursionen, Vorträge usw. veranstaltet. Längs der Woblitz, der Verbindung zwischen dem Lychener Seenkreuz und der Havel, führt der Weg am Rastplatz an der **Rosendammablage** vorbei durch den Wald und zuletzt rechts zur Lychener Schleuse zwischen Haus- und **Stolpsee**; die Lychener Schleuse verbindet die Lychener Gewässer mit der Havel. Im Sommer herrscht hier reger Betrieb: ca. 46.000 Freizeitkapitäne und Bordbesatzungen gehen mit ihren Motor- und Segeljachten, Kajütbooten und Kanus alljährlich in Himmelpfort auf der Durchreise oftmals für mehrere Tage vor Anker.
Kurz nach Passieren der Schleuse liegt rechts die Klosterruine **Himmelpfort** in einer Parkanlage, die sich bis zum Haussee erstreckt. Gegenüber vom Alten Brauhaus befindet sich auf den Stolpseewiesen der neu angelegte Kloster-Kräutergarten.
Von der Ruine der Klosterkirche folgen wir dem Uferweg am Haussee entlang und gelangen zur autofreien Holzbrücke über die **Schmalung**, wo Haus- und Moderfitzsee ineinanderfließen. Dahinter führt ein Waldweg zum Badestrand des kleinen Feriendorfs **Pian** am **Moderfitzsee**.
Hier treffen wir wieder auf den »Grünstrich« des Woblitz-Rundwegs (Schild »Lychen«), der südlich des **Piansees** aus dem Ort hinaus in die Wälder und zur Woblitz zurückführt. Kurz hinter der Brücke über den Bach zwischen Kleinem und Großem Lychensee erreicht der Rundweg wieder das Ufer des **Großen Lychensees**. Hier laden Sitzbänke zu aussichtsreicher Rast, auch eine Badestelle gibt es, dann führt der Uferweg an Wohnhäusern vorbei zum Fischereistützpunkt, hier links über die Schienen der Fahrrad-Draisinen-Strecke Lychen-Fürstenberg und hinter den Gleisen rechts bis zum **Bahnhof Lychen**, in dem sich die Gaststätte »Zur Draisine« befindet. Der ausgeschilderte **Schlüßhof** ist eine Seminaranlage in einem sehenswerten botanischen Park am See. Vom Bahnhof gelangen wir auf der Bahnhofstraße zurück zur Berliner Straße und hinauf zum Marktplatz.

Efeuüberwucherte Klosterruine.

Lychen – Zenssee – Küstrinchen

Durch das Tal des Küstriner Bachs

Ausgangspunkt: Marktplatz im Zentrum der Altstadt von Lychen. Anfahrt auf der B 96 Berlin – Neustrelitz bis Fürstenwalde/Havel, dort abzweigen nach Lychen.
Gehzeit: Gut 4 Std. (16 km) Rundtour.

Charakter: Waldwanderung, nicht für Fahrräder geeignet.
Einkehr: Lychen, Sängerslust, Wuppgarten, Küstrinchen.
Karte: Kompass Nr. 854.

Der erhöht liegende Marktplatz von **Lychen** wird auf drei Seiten flankiert von den Durchfahrtsstraßen, die hier alle »Am Markt« heißen.

Am besten beginnt man die Tour am Nordostrand des Marktplatzes, wo die Fürstenberger Straße Richtung Fürstenberg abzweigt. Hier gehen wir mit dem Rücken zum Marktplatz kurz durch die Stargarder Straße und gehen rechts den **Strandberg** hinab zur **Freilichtbühne** am See **Oberpfuhl**. Wer der Strandpromenade hier weiter links folgt, gelangt zum Flößereimuseum und zur Floßabfahrtsstelle, während unser Weg rechts durch die Gartenstraße, wo noch Teile der Stadtmauer zu sehen sind, zu dem kleinen Park **Schäferwiese** führt. Nach Durchqueren des Parks treffen wir an der Gaststätte **Alte Mühle** auf die Templiner Straße, die links über die **Floßarche** führt. Links fällt der

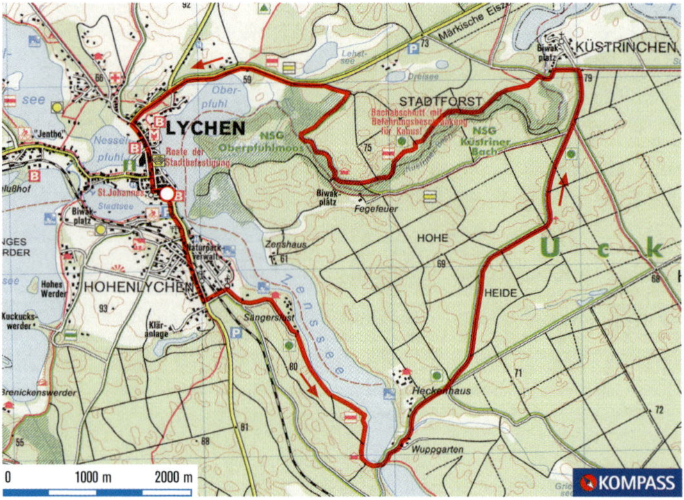

Blick auf den Oberpfuhl- und rechts auf den Stadtsee. An der Floßarche befand sich früher eine Schleuse, durch die die Rohholzstämme aus den Lychener Forsten zu den Sägemühlen im Stadtsee geflößt wurden. Kurz hinter der Floßarche gelangen wir zu einem Bootsverleih: Hier kann man zu Kahnfahrten auf dem Oberpfuhl- oder Zenssee starten. Beide Seen sind durch einen schmalen, flachen Durchlass verbunden, die **Knippschere**.

Kurz nach Passieren des Bootsverleihs zweigt der mit »Grünpunkt« (zugleich »Rotstrich«) markierte Wanderweg links ab und folgt dem Ufer des **Zenssees** unter alten Bäumen zur Badestelle beim Waldhotel **Sängerslust**. Weiter geht es am bewaldeten Steilufer bis zur Schutzhütte am Ende dieses tiefen Rinnensees und dort links auf der aussichtsreichen Brücke über die Landenge zwischen Zens- und **Platkowsee**. Hinter der Brücke zweigt der Rotstrich-Wanderweg rechts ab und folgt dem Ufer des unter Naturschutz stehenden Platkowsees, während der Grünpunkt-Rundwanderweg geradeaus an den Häusern von **Wuppgarten** vorbei und durch die Wälder der **Hohen Heide** in das Kirchdorf **Küstrinchen** am **Großen Küstrinsee** führt. In Küstrinchen überqueren wir den Küstriner Bach, folgen der Markierung waldeinwärts und stoßen wenig später erneut auf diesen wunderschönen Wildbach. Das Tal ist ein weitgehend natürlich erhaltenes Urstromtal aus der Eiszeit, das den Großen Küstrinsee mit dem Oberpfuhl verbindet. Dabei überwindet der Küstriner Bach auf nur 7 km Länge einen Höhenunterschied von 8 m. Der Bach selbst ist Naturschutzgebiet, die Benutzung durch Kanus oder Paddelboote ist Beschränkungen unterworfen. Der Name des Rastplatzes **Fegefeuer** erinnert daran, dass der gleichnamige Hof früher als Strafkolonie für aufsässige und ungehorsame Mönche aus dem Zisterzienserkloster Himmelpfort diente; um sich geistig zu stärken, sollen die Mönche dort den Kräuterlikör »Fegefeuer« gebraut haben, der noch heute eine Lychener Spezialität ist.

Schließlich trifft der schöne Wald- und Bachwanderweg auf die Boitzenburger Straße. Hier fällt es einem schwer, zu wandern, aber es geht nicht anders: Sobald die Straße an einer Bushaltestelle (!) eine Wiese erreicht, genießt man bei einer Raststelle einen guten Blick über den Oberpfuhl hinweg auf Lychen. Bald darauf verlässt der Wanderweg die Straße und führt links durch den **Markgrafenbusch** und zwischen Gärten zum Ufer des Oberpfuhl-Sees. Auf einem kleinen Hügel befinden sich ein alter jüdischer Friedhof und eine uralte Eiche (Naturdenkmal). Vorbei am Flößermuseum, der Floßfahrtanlegestelle und der ehemaligen Mühle, die ein Faltbootmuseum beherbergt, gelangen wir zurück zur Freilichtbühne und über den Strandberg zum Ausgangspunkt am Markt.

Templin – Ahlimbsmühle – Templin

Rund um den Lübbesee

Ausgangspunkt: Bahnhof Templin Stadt; wer mit dem Auto anreist, parkt in Postheim. A 11 Berlin – Stettin Ausfahrt Joachimsthal und via Milmersdorf weiter nach Templin.
Bahn: Bahnlinie von Berlin-Lichtenberg über Oranienburg und Zehdenick oder über Bernau und Eberswalde.
Gehzeit: 6 Std. (24 km) Rundwanderung.
Charakter: Leichte, überwiegend fahrradfähige Wald- und Seentour.
Einkehr: Postheim, Ahlimbsmühle, Siedlung am See, Ahrensdorf.
Karte: Kompass Nr. 744.

Der Lübbesee vor den Toren der Mittelalter- und Thermalbadstadt Templin zählt zu den landschaftlich schönsten Seen der Uckermark. Alljährlich im September ist er Schauplatz des »Lübbeseelaufs«, dem auch unsere überwiegend fahrradfähige, gut markierte Wanderung folgt.
Der **Bahnhof Templin Stadt** liegt am Südrand der mit 51 Mauertürmen und Wiekhäusern umringten Altstadt von **Templin**. Wer am Anfang der Wanderung einen Abstecher in die sehenswerte Altstadt unternimmt, kann auf der autofreien **Landschafts-Kurmeile** zur **Naturtherme** wandern und gelangt von dort durch den Wald nach **Postheim**, wo die Umrundung des Lübbesees beginnt; vom Bahnhof fährt auch ein Bus nach Postheim. Wer zu Fuß geht: Am Bahnhof auf der Dargersdorfer Straße die Gleise queren und gleich links auf den Bahn-

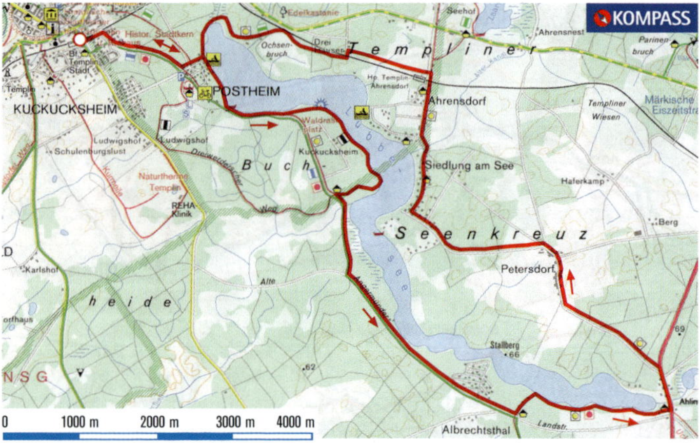

parallelweg abzweigen, der bald rechts in den Wald hineinschwingt und nach Postheim führt, wo es einen Badestrand und einen Bootsverleih gibt.

Am Badestrand beginnt der Rundweg (gelbe Markierung), der bis zum **Gästehaus Ahlimbsmühle** zu einem großen Teil dem Ufer folgt. Vom Gästehaus müssen wir kurz der Bundesstraße folgen, bis links ein sandiger Weg nach **Petersdorf** und in das Datschengebiet **Siedlung am See** führt. Die nächste Station des Lübbesee-Rundkurses ist **Ahrensdorf**; hier nun besteht die Möglichkeit, mit dem Zug nach Templin zurückzufahren. Der Lübbesee-Rundkurs führt an den Siedlungen **Drei Häuser** und **Morgenland** vorbei zur Nordbucht des Sees, wenig später sind wir zurück in **Postheim**.

Bild oben: Templin, Havelblick;
Bild unten: Prenzlauer Tor in Templin.

Döllnsee

Rund um den Großen Döllnsee

Ausgangspunkt: Parkplatz Döllnsee an der B 109 an der Abzweigung Richtung Zehdenick. Anfahrt auf der B 109 Berlin – Prenzlau.
Bahn: Bahnlinie von Berlin-Lichtenberg über Oranienburg und Zehdenick oder über Bernau und Eberswalde.

Gehzeit: 2½ Std. (10 km) Rundwanderung.
Charakter: Leichte, überwiegend fahrradfähige Wald- und Seentour.
Einkehr: Vier-Sterne-Hotel Döllnsee-Schorfheide.
Karte: Kompass Nr. 744.

Der ganz von Wald umgebene Große Döllnsee im äußersten Süden des Stadtgebiets von Templin zählt zu den reizvollsten Seen der Schorfheide. Seine Ufer erschließt ein Waldlehrpfad.
Vom Parkplatz gehen wir über die Lichtung am Westufer des **Großen Döllnsees**. Hier stand die in den 1830er Jahren im Fachwerkstil erbaute Försterei Döllnkrug, die in den 1970er Jahren abgerissen wurde, da sie sich zu nahe an dem von Soldaten gesicherten Luxus-Anwesen der Staatsführung befand. Auf der Lichtung beginnt der mit dem Zeichen »Libelle« markierte Waldlehrpfad, der rund um den See führt. Bald nach Überqueren des **Döllnfließ** auf einer kleinen Brücke schwingt der Lehrpfad auf das Südufer des Sees ein und erreicht den Rastplatz an der **Schmällinge**, auch

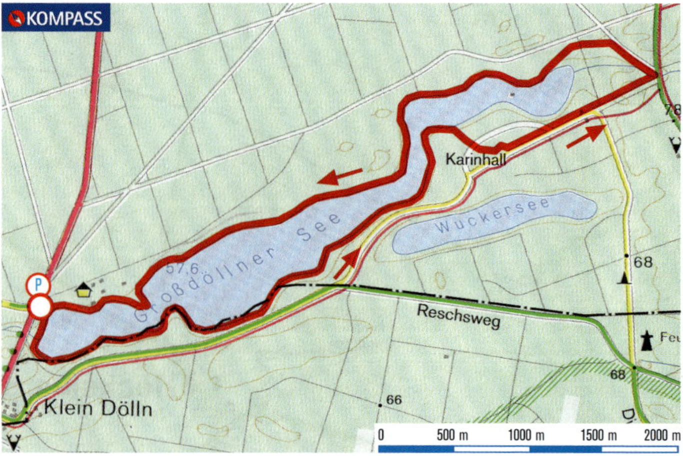

Teufelszunge genannt. Ein Hirte, der einst seine Schafe am See hütete, wünschte sich nichts so sehnlich wie einen Damm über den See, damit der Weg nicht so weit wäre; als ihm ein Fremder anbot, bis zum Sonnenaufgang einen Damm zu bauen, wenn er ihm seine Seele verschriebe, willigte der Hirte ein; als er der Frau davon erzählte, wusste sie sogleich, dass der Fremde der Teufel war, und während sich nachts ein Brausen in der Luft erhob und von den Ufern die Landzungen in den See hinauswuchsen, schickte sie ihren Mann mit einer brennenden Laterne in den Hühnerstall: Der Hahn dachte, die Sonne würde aufgehen, und krähte; der Teufel aber erkannte, dass ihn die Menschen überlistet hatten und flog fluchend davon; zurück blieben die »Teufelszungen« im See.

Von der Teufelszunge führt der Wanderpfad weiter durch die Wälder über dem See, passiert den Bootsanleger eines Angelvereins und erreicht schließlich direkt das Ufer in der Nähe einer alten Treppe, die auf das Gelände von Görings Waldhof **Carinhall** führt.

Streift man durch dieses verfallene Gelände, auf dem Mussolini, Lord Halifax u. a. empfangen wurden, sieht man zwischendurch hinüber zum Wuckersee.

In DDR-Zeiten wurde das riesige Gelände, dessen Bauten 1945 gesprengt wurden, systematisch aufgeforstet und für den Tourismus gesperrt. Seit der Wende wird es von Fantasten aufgesucht, die hier nach Nazi-Gold graben.

Vom Eingang von Carinhall geht es auf der Allee ostwärts zur **Blitzeiche**, dort links und hinter dem **Judengraben** halb links, dann am Nordufer des Döllnsees entlang. Kurz nach Passieren des Vier-Sterne-Hotels Döllnsee-Schorfheide sind wir zurück am Ausgangspunkt.

Der große Döllnsee

Während der Diktaturen war der 4 km lange Große Döllnsee für die Öffentlichkeit tabu, während die Genossen hier im Luxus prassten. Der Nationalsozialist Göring machte den Anfang: Ab 1933 ließ er im Südosten des Sees das private Anwesen »Carinhall« und im Nordwesten (Standort des heutigen Vier-Sterne-Hotels) ein Gästehaus errichten. Carinhall wurde 1945 von Hitlers Wehrmacht gesprengt, die Reste von der Nationalen Volksarmee (NVA) in den 50er Jahren eingeebnet. Im Gästehaus logierten Pieck, Ulbricht, Honecker, auch Breschnew war ein trinkfreudiger Gast. Ulbricht fand es so schön an diesem See, dass er hier 1973 für immer die Augen schloss. In Westdeutschland wurde der See bekannt, als Honecker hier im Winter 1981 mit Helmut Schmidt durch die verschneiten Wälder spazierte. Nach dem Ende der Diktaturen kamen die Schatzsucher nach Carinhall (viele wurden fündig), während das Gästehaus von einer Münchner Unternehmensgruppe erworben wurde und 1994 nach grundlegender Erneuerung als Hotel und Tagungszentrum eröffnet wurde.

Joachimsthal – Altenhof – Hubertusstock

Rund um den Werbellinsee

Ausgangspunkt: Kaiserbahnhof Werbellinsee in Joachimsthal. Anfahrt A 11 Berliner Ring – Stettin Ausfahrt Joachimsthal.
Bahn/Bus: Berlin – Eberswalde – Joachimsthal. An Ostern und von Mai bis September fährt die »Touristenbuslinie um den Werbellinsee« samstags, sonntags und an den gesetzlichen Feiertagen ab Bhf. Eberswalde in Abstimmung mit der Ankunft bzw. Abfahrt der RE- und RB-Züge rund um den Werbellinsee und bedient 47 Haltestellen; Fahrräder werden im Fahrradanhänger des Busses transportiert.
Gehzeit: 6 Std. (24 km) Rundtour.
Charakter: Wald- und Steiluferwanderung auf nicht durchgehend fahrradfähigen Wegen.
Einkehr: Kaiserbahnhof, Altenhof, Süßer Winkel, Spring.
Karte: Kompass Nr. 744.

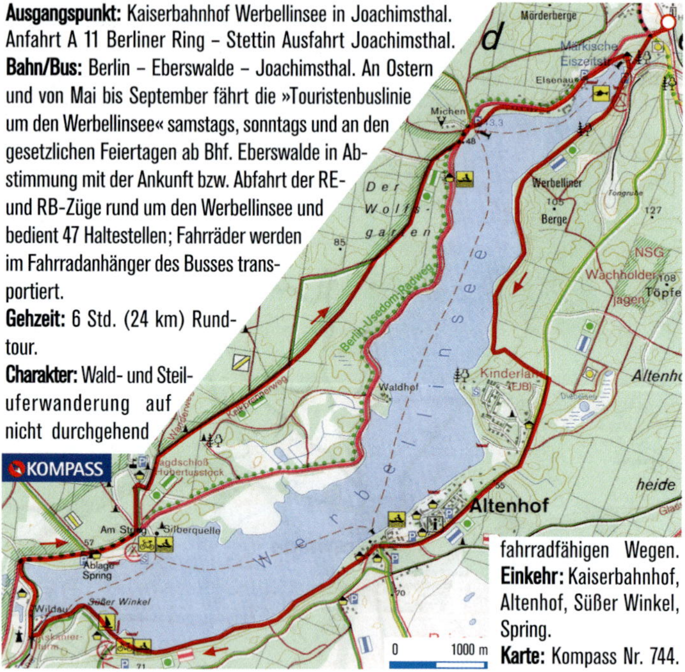

Die Umrundung des Werbellinsees zählt zu den attraktivsten Wanderungen im Norden Berlins.

Während der Wanderweg am Ostufer mit Ausnahme des Gebiets von Altenhof durchgehend Uferwegen und -pfaden folgt, führen die Wege im Westuferbereich wegen der B 198 uferfern durch die Wälder. Wer nicht den ganzen See umrunden will, kann an den Altgeren Altenhof, Süßer Winkel, Spring, Hubertusstock und Michen mit dem Ausflugsschiff zur Nordbucht zurückfahren.

Die Eröffnung der Eisenbahnlinie von Eberswalde über Britz nach Joachimsthal im Mai 1898 markierte den Beginn des Ausflugsverkehrs am Werbellinsee. Im Oktober desselben Jahres reiste auch Kaiser Wilhelm II. mit der Bahn an

Hubertusstock, Jagdschloss.

und wurde am **Kaiserbahnhof** an der Nordbucht des Werbellinsees mit Hurra-Rufen empfangen: Der oberste Hohenzoller reiste im Schlitten weiter zur Jagd nach Hubertusstock. Der Anfang der Route ist die alte Kaiserroute:Vom Kaiserbahnhof gehen wir zur Landstraße, queren sie und wandern durch einen Hohlweg - durch den der Kaiser mit dem Schlitten fuhr - im Wald dem **Werbellinsee** zu. Während der Kaiser auf dem Schlitten rechts via Hubertusstock weiterfuhr (unser Rückweg), folgen wir dem Seeuferweg links (»Grünpunkt«). Vor dem Gelände der **Europäischen Jugenderholungs- und Bildungsstätte** (1951–89: Pionierlager »Wilhelm Pieck«) wird der Weg links abgedrängt zur Straße, auf der wir in den Ferienort **Altenhof** hineinwandern. Wo dort die Straße einen scharfen Linksknick macht, folgen wir dem »Grünpunkt« wieder hinab ans Seeufer und folgen ihm mit prachtvollen Ausblicken zum Campingplatz **Süßer Winkel** und zur Südbucht. Hier überqueren wir den **Werbellinkanal** auf der neuen Stegbrücke beim **Askanierturm** (1879) und wandern am Rastplatz **Spring** vorbei zur Abzweigung Richtung Hotel Hubertusstock. Vom Hotel führt der Kalkbrennerweg durch die Wälder zum **Wolfsgarten**, einem früher zu Jagdzwecken umgatterten Bezirk, und senkt sich hinab nach **Michen**, wo der Michenbach in den Werbellinsee mündet; die ein Stück weiter südlich gelegene **Ablage** ist eine viel besuchte Badewiese.

Richtung **Elsenau** folgen wir dem nun sehr straßennah verlaufenden Wanderweg zurück zur Nordbucht und zum **Kaiserbahnhof**.

Joachimsthal – Grimnitz – Althüttendorf

Rund um den Grimnitzsee

Ausgangspunkt: Bahnhof Joachimsthal. Anfahrt auf der A 11 Berliner Ring – Stettin Ausfahrt Joachimsthal.
Bahn: Berlin – Eberswalde – Joachimsthal.
Gehzeit: 4 Std. (15 km) Rundwanderung.
Charakter: Wald- und Steiluferwanderung auf nicht durchgehend fahrradfähigen Wegen.
Einkehr: Kaiserbahnhof, Altenhof, Süßer Winkel, Spring.
Karte: Kompass Nr. 744.

Die Tour rund um den Grimnitzsee, den größten See der Schorfheide, wartet mit Badestellen und wunderschönen Ausblicken auf. Aus dem **Bahnhof Joachimsthal** tretend, wenden wir uns rechts und folgen hinter der Schranke einem Wiesenweg (»Grünpunkt«) parallel zur Bahnlinie, bis links der Fahrweg nach **Alt-Grimnitz** abzweigt. Sehenswert sind hier neben historischen Häusern die Ruinen der um 1250 errichteten **Askanierburg Grimnitz**, die um 1571/72 zum kurfürstlichen Jagdschloss ausgebaut wurde, ehe ab 1760 der Verfall einsetzte. Wir folgen kurz der Straße in Richtung des **Feriendorfs Grimnitzsee**, bis der mit den Zeichen »Blaustrich« und »Grünpunkt« markierte Wanderweg zum See abzweigt und unterhalb des Feriendorfs dem Ufer (Badestrände) folgt. Am Ende des Feriendorfs taucht der Uferweg in den Wald ein, überquert den **Neu-**

Grimnitzsee.

en Graben, das von Bibern bewohnte Verbindungstief zwischen Grimnitz- und Werbellinsee, und führt nach Verlassen des Waldes an einer weiteren Badestelle aussichtsreich in die ehemalige Steinschläger- und Glashüttensiedlung **Althüttendorf**.

Die mittelalterliche Feldsteinkirche mit dem verbretterten Turm überwuchert malerisch der Efeu. Der Straße folgend, führt der Rundweg mit einigen sehr guten See-Ausblicken weiter zur **Bockwindmühle** (1829). Schließlich verlässt der »Grünpunkt«-Wanderweg die über die Autobahn hinüberführende Straße und folgt einem Feldweg zu einem autobahnnahen Rastplatz, dann wird es allmählich wieder ruhiger, während wir der Feriensiedlung **Leistenhaus** zuwandern.

Schließlich mündet der Wanderweg auf die Landstraße, auf der es allerdings nur 1 km bis Joachimsthal ist; der neue Wanderweg, der auf der KOMPASS-Karte eingezeichnet ist, soll demnächst fertig gestellt werden.

Der fischreiche **Grimnitzsee** ist mit einer Fläche von 830 ha der größte See der Schorfheide, Funde aus der Alt- und der Jungsteinzeit belegen, dass Sammlerinnen und Jäger schon vor Jahrtausenden durch seine waldreiche Umgebung schweiften. Von 12,6 km Uferlinie bilden auf insgesamt 7 km Schilfgürtel und Feuchtwiesen wichtige Rückzugsgebiete für Vögel, mit Motorbooten darf der nährstoffreiche, im Durchschnitt nur 4,5 m tiefe See nicht befahren werden. In der DDR wurden am Südufer dieses Naturparadieses Ferienzentren für den planwirtschaftlichen Tourismus aus dem Boden gestampft. Heute bestehen hier familienfreundliche Ferienparks (Grimnitz, Althüttendorf und Leistenhaus): Wegen des sanften Gefälles können auch kleine Kinder so gut wie ungefährdet im Wasser vor den Stränden spielen.

Wolletz – Adlerquelle – Altkünkendorf

Rund um den Wolletzsee

Ausgangspunkt: Angermünde-Wolletz. Anfahrt auf der A 11 Berliner Ring – Stettin Ausfahrt Joachimsthal und auf B 198 und B 2 weiter nach Angermünde.
Bahn: Berlin – Eberswalde – Angermünde.
Gehzeit: 4 Std. (16 km) Rundwanderung.
Charakter: Waldwanderung, nicht für Fahrräder geeignet.
Einkehr: Wolletz, Strandbad Wolletzsee.
Karte: Kompass Nr. 744.

Die Wanderung rund um den Wolletzsee besticht durch urtümliche Wälder und durch wunderschöne Ausblicke von den Höhen. Das kleine Gutsdorf **Wolletz** am Uckermärkischen Rundweg liegt malerisch am Nordufer des fischreichen **Wolletzsees**. Im ehemaligen Schloss (Klinik) residierten von 1953 bis zur Wende der Stasi-Führer Mielke und seine Familie. In dieser Zeit wurde auch die Fachwerkkirche abgerissen.
Von Wolletz folgen wir dem Uckermärkischen Rundweg (Markierung: rote Scheibe) ostwärts durch die Wälder, überqueren das Flüsschen Welse an der Krähmühlenbrücke und gelangen zum **Strandbad Wolletzsee**, wo es auch einen Bootsverleih gibt.
Hier beginnt am Parkplatz ein geologischer Lehrpfad, der weiter südwärts über den aussichtsreichen **Schäferberg** und an der **Gehegemühle** vorbei zur Straße führt. Hier geht es rechts und gleich wieder rechts auf dem Waldweg am Südufer des Sees entlang zur stark eisenhaltigen

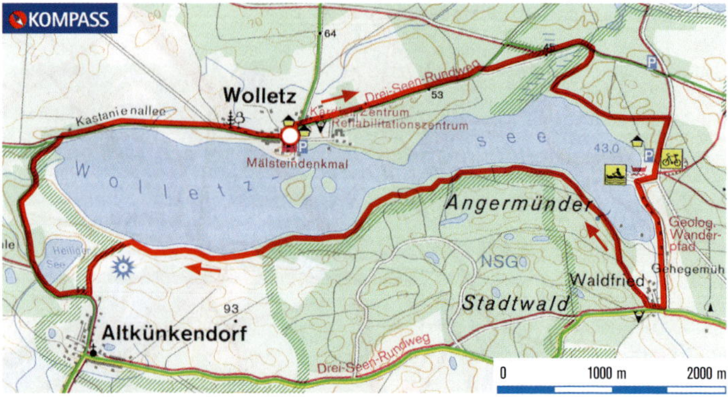

Waldmeister in den Buchenwäldern am Wolletzsee.

Adlerquelle. Nach einem alten Brauch schöpfen hier junge Frauen, die schön und fruchtbar werden wollen, an Ostern als heilsam gedachtes Wasser. Unser Weg führt weiter durch den **Angermünder Stadtwald**, wobei er meist dem Steilufer folgt, bis er schließlich links auf die Höhen vor Altkünkendorf wechselt; hier bietet sich eine herrliche Aussicht über den See und auf das idyllisch zwischen Wald und Hügeln gelegene 200-Seelen-Kirchdorf **Altkünkendorf**, an dessen Eingang wie ein Tor zwei uralte Eichen wachen. Vom Dorf geht es am **Heiligen See** vorbei, bis wir wieder auf den Uckermärkischen Rundweg treffen: Er führt auf einer Kastanienalle rechts zurück nach **Wolletz**.

Naturerlebniszentrum Blumberger Mühle

Die Blumberger Mühle auf einem jahrzehntelang als Stasi-Jagdgebiet nur deresgleichen zugänglichen Gelände mit mehr als 21 Fischteichen, die im Mittelalter von frommen Mönchen angelegt worden waren, ist eines der größten Naturerlebniszentren des NABU. Neben dem auch architektonisch originell gestalteten Informationszentrum gibt es im rund 10 km^2 großen, als »Naturerlebnislandschaft« gestylten Außengelände viele Wege durch Feuchtgebiete und an Kleingewässern entlang, z. B. den Moor- und den Hohlweg.

Auf den Aussichtsplattformen am Teichgelände sind Kormorane und gelegentlich auch Fischadler bei der Jagd zu beobachten, und oft zieht der majestätische Seeadler über den Gewässern seine Kreise. Liebevoll gepflegt wird der Kräutergarten, und im Gartenlokal »Biberbau« wird für Kaffee und Kuchen gesorgt.

Brodowin – Rummelsberg – Pehlitzwerder

Vom Ökodorf zum Parsteiner See

Ausgangspunkt: Kirche in der Ortsmitte von Brodowin. Anfahrt auf der A 11 Berliner Ring – Stettin Ausfahrt Joachimsthal, kurz weiter auf der B 198 Richtung Angermünde und abbiegen via Senftenberg nach Brodowin.
Bahn: Berlin – Eberswalde – Joachimsthal.

Gehzeit: 2 Std. (8 km) Rundwanderung.
Charakter: Aussichtsreiche Feldflur- und Gehölzwanderung auf fast durchgehend fahrradfähigen Wegen.
Einkehr: Brodowin.
Karte: Kompass Nr. 744.

Vom Ökodorf Brodowin führt diese reizvolle Rundtour über den aussichtsreichen Rummelsberg zu den Ruinen des Marienklosters auf der Halbinsel Pehlitzwerder im Parsteiner See.

Von der neugotischen Kirche (1853, Friedrich Stüler) in **Brodowin** folgen wir der Straße via Pehlitz am Storchenhorst vorbei und wandern am Nordufer des Wesensees entlang zum **Kleinen Rummelsberg**. Der Große und der Kleine Rummelsberg und die weiteren elliptischen Höhenrücken der Umgebung sind »Drumlins«. Mit diesem englischen Wort bezeichnen Geologen lang gestreckte Hügel, die vor allem aus Grundmoränenmaterial bestehen und in ehemaligen Vereisungsgebieten in Schwärmen auftreten. Auf dem Kleinen Rummelsberg, auf den Stufen hinaufführen, lässt sich diese Erscheinung gut beobachten. Zugleich ist der Kleine Rummelsberg einer der schönsten Aussichtsberge der Schorfheide: Am Horizont im Süden zeichnet sich der Choriner Endmoränenbogen ab, im Norden weitet sich der Parsteiner See, und im Südwesten liegen der Wesen- und der Brodowinsee.

Vom Rummelsberg führt die kleine Straße weiter in das Dorf Pehlitz, kurz dahinter geht es links auf den **Pehlitzwerder**. Die Halbinsel im **Parsteinsee** war schon in vorchristlicher Zeit Standort einer Kultstätte, 1258 gründeten die Markgrafen Johann I. und Otto III. von Brandenburg hier das Zisterzienserkloster Mariensee als Hauskloster und Grablege. 1273 wurde das noch unvollendete Kloster aufgegeben und nach Chorin verlegt. Heute künden die restaurierten Mau-

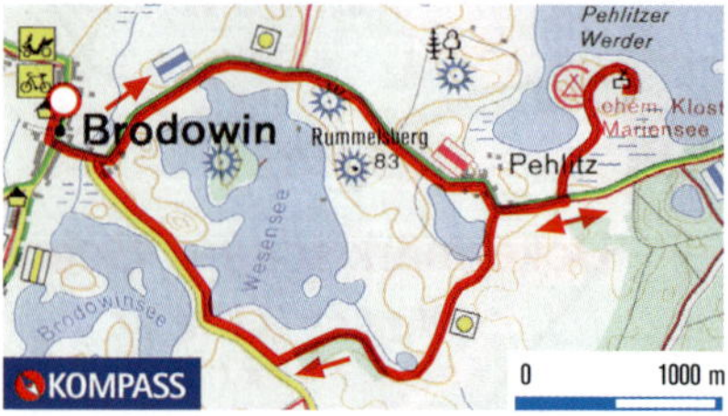

Blick vom Rummelsberg.

erreste der Kirche von der alten Klosterstätte. Der alte Baumbestand auf dem Werder ist ebenso sehenswert wie die Ausstellung »Von der Eiszeit zum Ökodorf« im **Museum Haus Pehlitzwerder**. Vom Werder kehren wir zurück nach **Pehlitz** und folgen kurz hinter den Ortseingangsschildern der Gelbpunkt-Markierung links hinaus in die Felder. Dieser Weg ist besonders schön. Zuletzt mündet der Feldweg auf eine Kopfsteinpflasterstraße, der wir rechts zwischen Wesen- und Brodowinsee zurück nach **Brodowin** folgen.

Ökodorf Brodowin – blühende Landschaft

Das Angerdorf Brodowin liegt im Norden der Gemeinde Chorin zwischen sieben Seen in einer wunderschönen Eiszeitlandschaft, die wegen ihrer vielfältigen Flora und Fauna unter dem Schutz des Biosphärenreservats Schorfheide-Chorin steht. Seit Jahrtausenden siedeln hier Menschen, der 1258 erstmals erwähnte Name (slawisch brod: Furt) bezieht sich auf eine Siedlung auf der Insel Gotteswerder im Brodowinsee. Als ein Großfeuer im Sommer 1848 zahlreiche Bauernhöfe auf dem Dorfanger und die Kirche vernichtete, beauftragte König Friedrich Wilhelm IV. den Stararchitekten Friedrich Stüler mit dem Neubau der Kirche: So kam das kleine Brodowin 1853 zu seinem weithin sichtbaren Wahrzeichen, der neugotischen Backsteinkirche. Aus der Zeit des Wiederaufbaus zeugen auch mehrere Dreiseitenhöfe mit Mittelflur-Wohnhäusern. Erneut Schlagzeilen machte das Dorf, als Pfarrer Eberhard Rau 1981 den bis heute alljährich stattfindenden »Brodowiner Kirchensommer« initiierte. Musikalische Abende, Vorträge, Diskussionsrunden und Kleinkunstdarbietungen lockten auch Künstler, Schriftsteller und Wissenschaftler ins Dorf, und nach dem Ende der Planwirtschaft wurde 1990 der »Ökodorf Brodowin e. V.« gegründet: Sein Ziel ist es, Landwirtschaft, Tourismus und Naturschutz gemäß den Vorgaben eines umweltgerechten Wirtschaftens zusammenzuführen. Der »Landwirtschaftsbetrieb Ökodorf Brodowin« ist der größte Arbeitgeber am Ort: Er erzeugt ein reichhaltiges Naturkostangebot in Demeter-Qualität.

Eberswalde – Neuehütte – Chorin

Auf Treidel- und Waldwegen ins Kloster

Ausgangspunkt: Eberswalder Stadtschleuse in unmittelbarer Nähe der historischen Altstadt. Anfahrt auf der A 11 Berliner Ring – Stettin Ausfahrt Finowfurt und auf der B 167 nach Eberswalde.
Bahn: DB-Bahn Berlin – Eberswalde (im 30-Min.-Takt).

Gehzeit: 4 Std. (15 km) einfache Strecke.
Charakter: Leichte, überwiegend fahrradfähige Kanalufer und Waldwanderung.
Einkehr: Vier-Sterne-Hotel Döllnsee-Schorfheide.
Karte: Kompass Nr. 744.

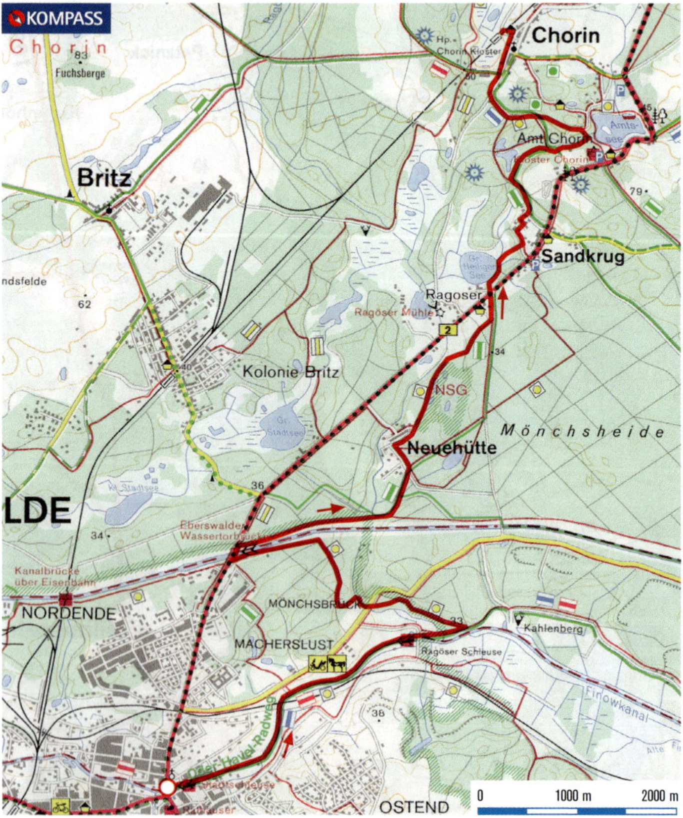

Kloster Chorin.

Aus dem Eberswalder Urstromtal wandern wir längs des Finow- und des Oder-Havel-Kanals hinauf zu den Ruinen von Kloster Chorin. Von Chorin fährt die Bahn zurück nach Eberswalde.

Von der Friedensbrücke in **Eberswalde** blicken wir hinab auf das erste Zwischenziel im **Finowkanal**: Die im Jahre 2001 grundlegend wieder instandgesetzte **Eberswalder Stadtschleuse** (1745) ist die älteste noch funktionstüchtige Schleuse in Deutschland. Hier befindet sich auch, an der »Schlemmerpfanne« direkt neben der Rathauspassage, der Anleger »Stadtschleuse« der Ausflugsschifffahrt. Der am Nordufer des Kanals entlangführende **Treidelweg** bringt uns bis zum Rastplatz an der **Ragöser Schleuse**, wo sich beim »Forellenhof Zobel« auch der nächste Schiffsanleger befindet. Wir folgen dem Finowkanal noch ein Stück weiter, bis bald nach der Einmündung des Ragöser Fließes die Gelbpunkt-Markierung links abzweigt, im Wald zur Straße und weiter zur Eberswalder Wassertorbrücke führt. Dort überqueren wir den Oder-Havel-Kanal und folgen ihm rechts, bis die Grünstrich-Markierung in den Buchenwald abzweigt und zum Walddorf **Neuehütte** führt; der dortige **Bachsee** lädt zum Baden ein. Der Grünstrich führt weiter zu einem Pflasterweg, der links zur Angermünder Chaussee leitet; wir queren sie, gelangen zum **Heiligen See** und folgen den Schildern zum **Kloster Chorin**. 20 Min. entfernt vom Kloster liegt der **Bahnhof Chorin**, zu dem ebenfalls mehrere Wanderwege führen, darunter der Grünstrich-Wanderweg.